아버지가 심은 푸른 올리브 나무를 키워가는
가족기업 이야기

이 도서의 국립중앙도서관 출판시도서목록(CIP)은 e-CIP홈페이지(http://www.nl.go.kr/ecip)와 국가자료 공동목록시스템(http://www.nl.go.kr/kolisnet)에서 이용하실 수 있습니다. (CIP제어번호: 2012000304)

# 守成

| 조창빙·문혜영 지음

아버지가 심은 푸른 올리브 나무를 키워가는
가족기업 이야기

서울엠

## 추천의 글

'장수하는 기업의 DNA에서 무엇이 중요하고, 어떤 현상이 일어나고 있다'라는 것에 대해 매스컴을 통해 종종 접하게 된다. 하지만 그래서 어떻게 해야 하는지, 어떤 항목을 보완해야 하는지에 대해서는 구체적인 설명이 없어서 답답하고 아쉬웠다. 만약 나와 같은 이런 생각을 갖고 있는 분들이 계시다면 그분들께 감히 말한다. '이 책이 답이다!'

김영국 (주)티플랙스 대표이사

세계 최고의 경제주간지 영국 ≪이코노미스트≫가 올해 경제 전망을 내놓으면서 상장기업들의 위기와 함께 이에 대비되는 비상장기업에 주목하라고 조언했다. 그리고 대표적인 예로 독일의 가족기업을 들면서 가족기업이 추구하는 장기적 성과를 높이 샀다. 갈수록 어려워지는 경영환경에서 생존율이 더 높은 가족기업은 당연히 주목받아야 한다. 이 책은 그런 의미에서 가족기업에 대한 이해의 폭을 확실히 넓혀줄 것이다.

김종수 (사)출판유통진흥원 회장

시사 프로그램을 진행하다보면, 오늘날 많은 사람들에게 일자리 창출, 기업의 성장, 기업의 사회적 책임과 지역사회 공헌들이 이야기되고 있음을 알 수 있다. 실제로 경제 관련 게스트들을 만나보면 '창업'과 '수성'에 대한 내용들이 종종 화두가 된다. 바로 그런 분들이 이 책을 접한다면 창업을 뛰어넘은 수성에 대한 고민과 연구에 한 발자국 앞선 접근이 되리라 생각한다. 더불어, 단순히 사업으로서의 외형적 성공을 넘어서 철학 있는 경영인, 장인정신을 이어가는 가족기업이 많이 탄생하기를 기대하며 책장을 넘긴다.

김현정  CBS 라디오 〈김현정의 뉴스쇼〉 앵커

최근 한 연구조사를 보면 중소기업이 가족승계를 하는 주된 이유로 '기업을 지속 발전시키기 위해서'라는 의견이 많았다. 한편, 승계하지 않는 주된 이유로는 '사업 전망이 불투명하고 경영여건이 어려워서'를 들었다. 바로 이런 분들에게 이 책을 권하고 싶다. 특히 차세대 경영자가 어려서부터 사업의 즐거움과 어려움을 객관적으로 보는 눈, 가족기업을 경력의 기회로 제공받을 수 있는 지침이 될 것이다.

이영우  선진회계법인 CPA

외국의 사례를 보면 가족기업은 최근 사모펀드 투자에서 많은 관심과 높은 수익 실적을 내고 있는 분야이다. 이 책을 지침삼아 가족기업의 단점을 보완하고 장점을 살린다면 위기 경영에서 충분히 빛을 발휘하게 될 것이다.

황상운  (주)동양인베스트먼트 기업투자/본부장

예나 지금이나 가족기업은 가장 흔한 기업형태의 하나임에도 이에 대한 체계적인 연구가 의외로 적었다. 승계문제를 둘러싼 갈등이나 폐쇄적인 지배구조 등 단점과 부정적 편견만 있어왔지만 오너의 주인의식과 신속한 의사결정, 장기적인 경영전략 등이 가능한 기업형태로 재인식되고 있다. 이 책은 바로 가족기업의 단점을 극복하고 그 장점을 극대화할 수 있는 방안을 모색하고 지침을 제공한다. 차세대 경영자나 가족기업 관계자들이 가족기업에 대한 올바른 경영마인드를 익히는 도구로 이 책을 적극 활용하기를 바란다.

정일권 (유)법무법인 화우 파트너변호사

"이제는 더 이상 일에 욕심을 내기보다는 평생을 자신을 위해 헌신해온 아내와 함께 여행을 다니기로 했다"라는 본문의 글에 무척 공감이 간다. 나 역시, 지금까지 수없이 많은 출장을 다녔지만 은퇴 후 가장 하고 싶은 일은 나를 찾아 떠나는 진정한 여행이기 때문이다. 이 책을 통해 은퇴 이후의 삶에 대해서도 진지하게 생각해보게 되고, 더불어 나의 '버킷리스트'도 전면 수정되었다는 면에서 참으로 고무적이라 생각한다.

유태우 (주)동명전기 대표이사

'가족기업'에 관한 모든 것을 '스토리텔링'이라는 기법을 통해 쉽게 풀어놓은 점이 눈에 띈다. 이런 방식의 친근하고 편안한 접근이라면 '가족기업' 그리고 '수성'이라는 단어가 더 이상 낯설지 않을 것이다.

이재익 SBS 라디오 〈두시탈출 컬투쇼〉 PD

## 차례

추천의 글 5
프롤로그 10


### 제1장 | 안녕, 베리 매닐로우 |
#### 방송국 PD 출신의 카페 사장 진석의 이야기 15

비 내리는 카페에서 / 꿈의 대화 / DNA가 달라 / VVIP 고객 / 젊은 날의 진석 / 아버지, 달리다 / 장밋빛 인생 / 수화기 너머에서 / 누군가를 이해한다는 것 / 떠날 때는 말없이


### 제2장 | 씨 웨이 C Way |
#### 중소기업 간부로 살아가는 종찬의 이야기 57

종찬의 아침 / 중견간부로 살아간다는 것 / 저절로 기도가 나오다 / 반갑지 않은 손님 / 오해와 이해 사이 / 꼼수? / 발걸음 사뿐하게 / 한 박자 쉬어가기 / 산이 부르네 / 또 한 고비 / 제3의 방법


### 제3장 | 탱고의 가르침 |
#### 기업 컨설턴트 창수의 이야기 101

가족계획과 기업철학 / 창수의 기업철학 / 손을 맞잡기까지 / 주먹구구식은 NO! / 존재와 역할 / 가족기업의 철학이란 / 탱고, 가라사대 / 사자성어로 접근하다 / 그들만의 리그 / 그대에게 말하노니 / 다시 한 번 더 / 위기 때 발휘되는 철학

## 제4장 | 진정한 유산 |
### 종합자산관리사로 살고 있는 태영의 이야기 143

다시 아침이 밝아오고 / 사랑하는 아들에게 / 어디 한번 시작해볼까 / 전투력이 상승하다 / 가장으로 산다는 것 / 늦었다고 생각할 때가 빠른 때다 / 태영, 학교에 가다 / 아들에게 물려주고 싶은 유산


## 제5장 | 꿈꾸는 인생 |
### 드라마 작가로 살고 싶은 은혜의 이야기 179

눈 감으면 떠오르는 / 인생의 터닝포인트 / 나는 어디로 가고 있나 / 두근두근 내 인생 / 그때로 돌아가기엔 / 안목항 앞으로 / 리더십의 유형 / 인터뷰를 마치다 / 에너지를 쏟는 일 / 출판사의 제안


## 부록 | 창업을 넘어 수성에 이르는 길 | 219

가족기업의 정의와 특성 / 가족기업의 역할 / 가족기업의 장·단점과 문제 / 국내외 가족기업 현황 / 장수기업과 가족기업 / 가족기업에 대한 인식 / 국내 가족기업 컨설팅 현황 / 국내 가족기업 교육 현황


에필로그 259

## 프롤로그

　기업은 창업을 통해 탄생하고 수성을 통해 장수기업으로 성장과 발전을 하게 된다. 그런데 오늘날 경기 침체에 따른 청년실업 문제로 일자리 창출이 요구되는 분위기와 맞물려 상대적으로 창업은 매우 강조되는 반면, 수성의 가치 및 그 활용에 대해서는 소홀이 다루어지고 있는 것이 안타까운 현실이다. '리더십의 영원한 고전'으로 불리는 중국의 고전 『정관정요(貞觀政要)』를 보면 다음과 같은 글이 있다.

　제왕학의 대표적인 예인 당 태종은 어느 날 여러 현신들이 모인 자리에서 이런 질문을 했다. "창업과 수성 중에서 어느 쪽이 더 어렵소?" 이에 방현령은, "나라의 창업은 군웅들이 여기저기서 봉기하고, 그 가운데 최후의 승자가 제왕 자리를 얻을 수 있는 것이

오니 창업이 어려운 줄 압니다." 그러나 위징은, "예로부터 제왕의 자리는 가난 속에서 어렵게 얻었다가 안일 속에서 쉽게 잃는 법이옵니다. 그런 만큼 수성이 어려운 줄로 압니다"라고 대답했다. 그러자 태종은, "방 공은 짐과 함께 천하를 차지하면서 여러 차례 어려운 고비를 거치며 구사일생으로 살아남았소. 그래서 창업이 어렵다고 말한 것이오. 그리고 위 공은 짐과 함께 나라를 안정시키고 있는데, 항상 교만과 사치가 부귀에서 싹트고, 여러 재난이 소홀과 방심에서 나오기 쉽기 때문에 그것을 두려워하고 있는 것이오. 그래서 수성이 어렵다고 말한 것이오"라고 하면서 두 사람의 대답에 수긍했다. 또한 그러면서 "이제 창업의 어려움은 끝났소. 그래서 짐은 앞으로 귀공들과 수성의 어려움을 풀어가지 않으면 안 되오"라며 수성에 힘을 썼다고 한다.

우리나라의 경우 전통적인 유교문화와 경제개발계획에 따른 성장정책으로 가족기업이 경제의 중요한 위치를 차지해왔고 중견, 중소기업의 경우 현재 거의 대부분 가족기업 형태를 취하고 있다. 이들 가운데 산업화 시대 이후 무에서 유를 창조한 주인공들의 은퇴 시점이 가까워지고 있으며 지속경영, 장수기업에 대해 고민하면서 자연스럽게 '승계'라는 단어가 화두가 되고 있다. 즉, '횃불 이어받기'처럼 '어떻게 하면 수성할 수 있는가'가 주된 관심사라고 할 수 있겠다.

하지만 수성과 관련된 전반적인 현상이 점차 사회의 주목을 받고 있는 것에 반해, 무엇을 해야 하는지, 앞으로 어떻게 해야 하는지에 대해서는 구체적인 설명이 이뤄지지 못하고 있는 실정이다.

이 책은 바로 이런 취지에서 기획되었다. 사실, 지금까지의 가족기업과 관련된 책은 아카데믹한 성격이 강하거나 국내의 정서로는 공감이 잘 가지 않는 외국 사례 중심의 책들이 대부분이라는 지적을 피할 수 없었다. 그래서 일반대중들에게 가족기업의 본질을 소개하고, 그들이 친밀하게 접근할 수 있도록 '스토리텔링' 형식을 빌려 이 책을 엮어보았다.

이 책에는 모두 다섯 명의 주인공이 이야기를 이끌어나간다. 1장부터 4장까지의 주인공은 진석, 종찬, 창수, 태영으로 어느새 모두 나이 쉰을 넘긴 고등학교 동창들이다. 그리고 마지막 5장에 나오는 주인공 은혜는 이들의 고등학교 10년 후배로서 동문회에서 알게 된 인연으로 이들과 오랜 세월 정기적으로 모임을 가지며 가깝게 지내고 있는 인물이다. 나이에서 알 수 있듯이 이들은 각자의 위치에서 자리매김을 톡톡히 하고 있는 인물들이다. 물론, 이 자리에 오르기까지 우여곡절도 많았고, 여러 가지 시행착오도 겪었다. 그런 순간들마다 이들 친구들은 늘 함께였고, 앞으로도 그럴 것이다.

앞만 보고 달려온 세월에서 조금 비껴나 잠깐이나마 푹, 쉬고 싶다는 생각이 간절하게 들 무렵, 이들은 누가 먼저랄 것도 없이 어느 날 한자리에 뭉쳤다. 그리고 그간, 저마다의 삶과 일터에서 겪은 애환을 하나둘 풀어내고 있다. 바로 이들의 이야기를 통해, 가족기업의 전반적인 이해를 돕고자 한다. 각 장에 숨어 있는 내용은 다음과 같은 것이다.

제1장__ 승계계획과 후계자육성
제2장__ 비가족구성원의 전문경영인화를 통한 전략계획과 갈등관리
제3장__ 가족계획
제4장__ 재무계획
제5장__ 은퇴설계

이 다섯 장에 걸친 스토리텔링을 통해 수성을 위한 준비항목을 이해하고 균형 잡힌 해법을 발견하는 과정을 마련하고자 한다.

아무쪼록 가족기업을 편향된 측면으로만 생각할 것이 아니라 전체를 체계적으로 생각하고 준비하여, '수성'을 통해 지속적으로 가치 있는 기업으로 성장하고 발전하며, 그 결과 우리나라에서도 세기를 뛰어넘는 장수기업이 많이 탄생하길 바란다. 그 길에 이 책이 나침반 역할을 하길 기대해본다.

더불어, 가족기업의 경제적·사회적 역할의 중요성 때문에 지금까지는 학문적 연구대상에 머물렀지만 이제는 정부나 사회가 적극적으로 성장을 도와야 할 소중한 기업들이라는 인식의 변화가 필요한 시대가 도래했다는 것도 이 기회를 통해 말하고 싶다.

2012년 1월 15일

조창배

제1장
# 안녕, 베리 매닐로우
방송국 PD 출신의 카페 사장 진석의 이야기

## 비 내리는 카페에서

"이런 날씨에는 이 노래를 안 들을 수 없죠?
아, 이미 많은 분들이 신청하셨네요.
그래서 준비했습니다.
배리 매닐로우의 「When October Goes」."

진석은 가을비가 추적추적 내리는 창밖을 한참 내다보다가 더는 안 되겠는지 수백 장의 CD들이 진열되어 있는 바(Bar) 안쪽으로 들어왔다. 그리고는 익숙한 손놀림으로 진열장에서 한 장의 CD를 꺼내들었다. 이어서 능숙한 라디오 디제이처럼 이 같은 멘트를 곁들이면서 노래를 틀었다. 아무도 없는 텅 빈 카페를 향해서……. 그러자 조금 전까지만 해도 적막이 흐르던 이 공간이 베리 매닐로우의 목소리로 가득 찼다.

'휴~'

그제야 진석은 만족한 듯이 숨을 내쉬었다.

시계 바늘은 오후 네 시를 지나고 있었다. 만약 방송국에 있었다면 오늘의 생방송을 앞두고 가장 중요한 선곡에 모든 에너지를 쏟고 있었을 시간이었다. 하지만 진석이 지금 있는 곳은 대학가에서 조금 떨어진 주택가, 그러니까 원룸이 즐비한 곳에 위치한 카페였다. 손님이 오기에는 조금 이른 시간이었다. 게다가 오늘은 주말 동안 풀어진 몸과 마음을 재정비해 다시금 긴장모드로 일에 열중하고 있을 월요일이었다. 물론 월요일부터 발동이 걸린 사람들은 술집을 전전할 수도 있을 테지만 말이다. 진석은 볼륨을 한껏 키운 채 한 손에는 드립커피를 들고 바에서 나와 다시 창가 쪽으로 걸어갔다.

그때 문 쪽에서 인기척이 들려왔다.

"사장님! 음악 좋은데요.
역시 선곡 하나는 끝내준다니까."

한껏 분위기에 취해보려는 진석의 의중을 헤아리지 못한 채 불쑥 침입한 불청객은 단골손님인 은수였다. 은수는 이제 이십대 후반의 청년으로 진석이 1년 전 이 카페를 오픈했을 때부터 왔던 단골손님이다. 그때부터 1년간 매주 두세 번은 오고 있으니 극진히 모셔야 하는 단골손님, VVIP임에는 분명하다. 그러나 철저하게 혼자 있고 싶은 지금은 은수가 아무리 VVIP라고 해도 전혀 반갑지 않았다. 지금의 진석에게는 그랬다. 이 날씨와 이 음악 속에서 한껏 취해버리고 싶은, 예민하기로는 둘째가라면 서러운 진석이었기 때문이다.

"어쩐 일이야? 이 시간에."

진석은 무심한 듯, 툭 하고 한마디 내뱉었다.

"제가 언제 시간 정해놓고 왔나요?"

은수의 대답도 건조하기는 마찬가지였다.

"하긴……."

진석은 이렇게 대꾸하며 마시던 커피를 계속 마셨다. 진석의 시선은 창밖을 향하고 있었다. 그러는 사이 은수는 저벅저벅 바 쪽으로 걸어가 회전의자에 걸터앉았다. 은수가 아무런 말도 없이 회전의자만 빙빙 돌리고 있자 이내 진석이 다가왔다.

"커피 한 잔 할래?"

은수는 대답 대신 고개를 끄덕였다.
잠시 후 진석은 커피 한 잔을 내려서 은수에게 건넸다. 그리고 자기 잔에도 커피를 좀 더 채웠다. 비가 와서 그런지 커피 향도, 커피 맛도 더 진하게 느껴지는 오후였다.

"은수야, 오늘은 연습 없어?"

10여 분의 적막을 깨고 진석이 먼저 물었다.
은수는 좌우로 한 번씩 몸을 비틀면서 대답했다.

"있죠. 근데 오늘은 왠지 가기 싫으네요."

더는 묻지 않아도 어떤 상황인지 짐작이 되긴 했지만 오늘은 왠지 그래야 할 것 같아서 진석은 한 번 더 물었다.

"왜, 아버지랑 또 싸웠어?"

진석의 물음에 은수의 한숨 섞인 대답이 이어졌다.

"싸우긴요. 휴~~."

은수의 깊은 한숨이 카페 안을 가득 메우는 듯했다.
아버지와 싸우지는 않았다고 말했지만 그게 아니었음을 진석은 알 수 있었다.

'녀석, 요즘 많이 힘든가보네.'

진석은 언젠가부터 은수의 표정과 몸짓만 봐도 알 수 있었다. 내뱉는 한숨의 농도가 짙고, 회전의자에 몸을 깊이 파묻을수록 아버지와 오간 언쟁의 강도가 심했다는 것쯤은…….

## 꿈의 대화

은수는 서울에서 세 손가락 안에 꼽히는 대학에서 경영학을 전공했다. 대부분의 경영학도들이 그러하듯이 미국에서 MBA과정을 당연히 밟고 왔고 차세대 기업의 주역들이 갖고 있어야 할 법한 모든 스펙들도 그런대로 다 쌓았다. 문제는 이 모든 것을 필요에 의해서 자발적으로 했다기보다는 아버지의 당부 때문이라는 것이었다. 그렇다고 완전히 억지로 한 것은 아니었다.

은수는 사실, 학교를 다니는 동안에도 그랬고, 유학을 다녀오고 졸업을 한 지금까지도 딱히 하고 싶은 일이 없었다. 반드시 이뤄내고 싶은 목표도 없었다. 그래서 일단 스펙이라도 쌓기로 한 것이다. 딴에는 그렇게 하는 것이 중소기업을 운영하는 아버지의 뜻을 당장에는 거스르지 않는 방법이라고 생각했다.

그러는 사이 아버지는 아버지대로 은수가 자신의 뒤를 이어 가업을 이어줄 것이라는 확신을 굳혀가고 있었다. 말하자면 이렇게 한발자국씩 후계자 훈련을 시키면 된다고 생각하고 있었다.

그런데 1년 전, 은수가 이곳에서 진석을 만나면서 상황은 달라지기 시작했다.

"은수야, 넌 꿈이 뭐니?"

언젠가 진석이 던진 이 한마디가 은수를 바꿔 놓았기 때문이다. 순간 망치로 머리를 '꽝!' 하고 얻어맞은 것 같은 충격을 받은 은수는 진석의 이 한마디 때문에 인생의 방향을 설정해야겠다고 결심했다. 그때부터 고민하기 시작했다.

'내가 가장 좋아하는 일이 뭐지?
 내가 가장 하고 싶은 일은 뭐지?'

진석과 은수가 잠시 침묵하는 사이 커피는 어느새 식어버렸다. 둘은 식어버린 찻잔을 든 채로 다시금 조용히 대화를 이어갔다.

"은수야, 자꾸 시간만 끌면서 피하려고 하지 말고
 아버지랑 진지하게 대화를 해봐."

진석은 안타까운 마음에 한마디 건넸다. 하지만 여기에 이렇다 저렇다 대꾸할 생각이 전혀 없는 은수는 심드렁한 목소리로 겨우 입을 뗐다.

"저도 그러려고 하죠. 그런데……."

은수는 말끝을 흐리며 입술을 삐죽 내밀고는 카페 한쪽 귀퉁이에 인테리어처럼 놓여 있는 통기타 쪽으로 몸을 움직였다. 가끔 손님이 없을 때나 혹은 다른 음악이 듣기 싫어질 때 진석이 연주하던 기타였다. 은수는 그걸 집어 들고는 한줄 한줄 퉁기기 시작했다. 제목을 알 수 없는 연주곡이 순식간에 카페 안에 울려 퍼졌다. 음악을 시작한 지 얼마 되지 않은 실력치고는 상당한 수준이었다.

'아무래도 은수는 타고난 음악적 재능이 있는 걸?'

진석은 대견하다는 듯이 어깨를 으쓱해 보이며 고개 숙인 은수를 향해 씽긋 웃었다. 공부만 잘하는 줄 알았더니 음악까지 잘하는 은수를 보자 진석은 살짝 질투심까지 생겼다. 그러다가,

'스무 살이나 어린 은수한테 무슨 질투를 다…….'

이렇게 생각한 진석은 이내 피식, 웃으며 은수에게 물었다.

"그거 혹시 자작곡이니?"

자신의 자작곡 실력을 알아봐주자 기분이 좋아졌는지 은수는 아까와는 사뭇 다른 표정으로 웃으며 대답했다.

"역시, 사장님은 센스장이~~"

이렇게 말하는 은수는 그새 어린아이가 된 것 같았다.

"언제 그렇게 작곡을 했어?
 게다가 연주 실력도 아주 굿~, 오늘 같은 날 딱 듣기 좋은데?"

진석의 칭찬이 이어지자 한껏 고무된 은수는 아까보다는 조금 빨라진 템포로 다시 기타연주를 이어갔다.

## DNA가 달라

진석의 카페 근처에는 실용음악학원이 하나 있었다.
사실 여기까지 들어올 학원은 아니었지만, 언젠가부터 TV에서 방송되는 오디션 프로그램의 영향으로 실용음악학원이 우후죽순으로 생겨났고, 그런 학원들을 중심으로 인근의 건물 지하실이 밴드 연습실로 바뀌는 것도 그리 이상한 현상은 아니었다. 아니, 요즘의 트렌드가 그러하다고 해도 과언이 아닐 것이다. 은수는 바로 그중에 한 학원의 연습실에서 친구들 몇 명과 밴드를 구성해 매일 연주를 하고 있었다. 은수의 포지션은 베이스 기타였다.

둥두둥 두두둥…….

무게감 있는 소리에 반해 베이스 기타를 만지게 됐다는 은수는 진석이 부러워할 정도로 음악적 재능을 타고났다. 처음, 진석의 카페에 왔을 때 진석은 은수를 두고 공부밖에 모르는, 다소 심심하게 살고 있는 청년일 거라고 생각했다. 물론 그런 구석도 참 많았지만 반면 엄청나게 놀라운 구석도 있었다.

진석이 선곡해주는 음악을 한 번 들으면 그 음악에 쓰인 악기들이 무엇인지 맞추는 건 기본이었다. 뿐만 아니라 멜로디만 듣고도 오선지에 코드를 옮기는 능력까지……. 그야말로 입이 떡-, 벌어지는 음악적 재능을 보여줬다.

그러던 어느 날 '베이스 기타'에 꽂혀서는 실용음악학원에 등록을 하더니 급기야 학원 원장으로부터 이런 말까지 듣게 됐다.

"은수야! 집안에 음악하시는 분들 계시니?

아무래도 너의 DNA가 수상한데?

이쪽으로 나가도 될 것 같아!"

그동안 자기도 몰랐던 재능을 발견하고, 그 재능을 알아봐주고 키워주는 주변 사람들 덕분에 은수는 앞으로 자신이 나아갈 길은 '뮤지션'이라고 생각했다. 아니, 그게 아니더라도 최소한 경영 쪽은 완전히 아니라고 확신했다. 아버지가 이 사실을 알게 되면 놀라서 까무러치실 거라는 걸 잘 알면서도…….

## VVIP 고객

'추분'이 지나자 확실히 해가 짧아졌다.

은수와 한참을 얘기하는 사이 창밖은 어둑어둑해지고 있었다. 어느새 비도 그친 것 같았다. 이제 여섯 시가 지나면 카페를 찾는 사람들이 많아질 것이다.

근처에 있는 대학교에서 수업을 마치고 나오는 여대생들부터 퇴근 후 잠시 들렀다 가는 직장인들까지 이 카페를 찾는 손님들 대부분은 진석의 팬이었다. 진석 자체를 좋아하는 사람들도 많지만 진석이 틀어주는 음악에 매료된 사람들이 더 많다고 보는 게 정확하다.

이 카페의 단골손님들, 은수 같은 VVIP 고객들은 진석의 정체에 대해서 이미 다 알고 있었다. 진석은 몇 년 전까지 모 방송국에서 라디오 DJ이자 PD로 활동했다. 오후 네 시부터 여섯 시까지 주로 팝송 프로그램이나 트렌디한 음악을 소개하는 프로그램을 맡았던 진석은 나름의 마니아층을 확보한 인기 DJ였다. 그러니 그가 방송국을 그만두고 나올 때 직장 동료들은 물론 팬들이 얼마나 놀랐을지 상상이 되고도 남는 일이었다.

은수는 오늘 아예 밴드연습을 재끼려는지 저쪽 구석에서 계속 기타만 퉁기고 있다. 벌써 몇 잔째 커피를 마시고 있는 건지도 몰랐다. 그때 여자 손님 한 명 들어왔다. 그녀는 테이블에 앉기도 전에 다급한 듯이 신청곡을 말했다.

"「비처럼 음악처럼」, 듣고 싶어요.
한 번 말고, 연달아 세 번 정도……. 틀어주실 수 있죠?"

진석은 입 안 가득 미소를 머금은 채로 대답했다.

"그~럼요."

그녀는 진석이 특별히 편애하는 손님이었다. 몇 살인지, 뭘 하는지, 어디에 사는지, 아무것도 모르지만 그녀가 카페 문을 열고 들어올 때면 왠지 은은한 향기가 느껴지는 것 같은 기분이었다. 마치 엄마냄새 같은 그리운 향기라고나 할까? 진석은 그녀가 원하는 대로 김현식의 「비처럼 음악처럼」을 반복재생 해놓고 잠시 옛 생각에 빠져들었다.

## 젊은 날의 진석

25년 전쯤, 진석은 방송국 입사를 눈앞에 두고 있었다. 첫 취업에 합격한 진석은 자신에게 선사하는 선물의 의미로 배낭여행을 다녀왔다. 사실, 말이 배낭여행이었지 돈이며 시간이며 마음의 여유까지 넉넉하게 준비해간 여행이었기 때문에 고생스럽다기보다는 좋은 곳에서 맛있는 것을 먹으며 입과 눈이 호사한 여행이었다는 게 정확한 표현일 것이다. 이 모든 것을 지원해준 사람은 진석의 아버지였다. 아버지가 이렇게 지원해준 데에는, 물론 다른 계산이 숨어 있기는 했다. 진석이 여행을 떠나기 전날 밤, 아버지는 가방을 꾸리고 있는 진석이 방으로 찾아와 이렇게 말했다.

"진석아! 이번에 배낭여행 다녀오거든 방송국에 입사해라.
말리지 않으마.
하지만 방송국 다녀보고 별 볼 일 없을 것 같으면,
그때는 아버지 회사 나와서 일 도와라. 알았냐?"

평소에 강압적인 아버지는 아니었지만, 어느 한 순간도 그냥 말하고 행동하는 법이 없는 아버지는 이번에도 이렇게 진석에게 토를 달았다.

"아버지! 쿨 하게 여행 보내주실 것처럼 해놓고,
꼭 그런 얘길 하셔야겠어요?
그리고 별 볼 일 없을 것 같은 방송국을 제가 왜 들어가요?
별 볼 일 있을 것 같으니까 들어가는 거죠. 아버지도 참······."

진석이 지지 않고 이렇게 내뱉자 드라마 속 재벌 회장님들처럼 진석의 아버지 역시 뒷목을 잡을 태세로 한마디 더 내뱉었다.

"이게 다 널 위해서 그러는 거지, 내가 괜히 그러냐?
이런 괘씸한 놈 같으니라고······."

"저는요, 아버지가 아무리 그러서도 아버지 밑에서 일 안 해요!
제 적성에 맞지도 않는 일 하면서,
아버지처럼 그렇게 늙기 싫다고요!
아버진 그렇게 살아서 지금 행복하세요?
엄마 없이 행복하냐고요, 아니잖아요!"

진석은 마지막 말은 하지 않는 게 좋았겠다고 생각했다. 하지만 그때는 이미 뱉어버린 후였다. 진석과 아버지 사이에 잠시 침묵이 흘렀다.

사업 확장을 위해 밤낮없이 이리 뛰고 저리 뛰는 아버지를 내조하던 어머니가 갑작스럽게 돌아가신 건 진석이 고등학교 2학년이 되던 해였다. 안 그래도 사춘기인데다 어머니의 죽음 앞에서 충분히 비뚤어질 수 있는 시절이었지만 평소 아버지와 부딪힐 때마다 어머니가 하던 말씀을 떠올리며 진석은 엇나가려는 마음을 추스르곤 이를 악물고 공부했다.

'우리 아들, 엄마는 널 믿는다.'

뭘 해도 '잘한다, 잘한다' 믿어주고 응원해주던 어머니였기에 진석은 어머니만큼은 실망시켜드리고 싶지 않았다. 그래서 아버지가 가정을 등지고 사업에만 매달리는 모습을 볼 때마다 참 야속하게 느껴졌지만 어머니 때문에 참고 견뎌왔다.

'니가 아버지를 좀 이해해드리렴.'

바로 이 말 때문에 절대로 이해가 되지 않는 아버지였지만 그래도 이해해보려고 나름 애써왔다. 때때로 아버지를 향한 반항심이 치밀어 오를 때마다 어머니를 생각하며 숨 한 번 크게 고르고 차라리 아버지와의 대화를 피하는 것으로 관계가 악화되는 것을 막았다. 그런데 이날 아버지에게 막무가내로 대들고 만 것이다.

나이만 먹었지, 아직도 여전히 철부지인 아들을 바라보는 아버지의 눈에는 어느새 작은 이슬방울이 맺히는 듯했다. 한평생 자식들을 위해 달려온 세월이었건만 자식들에게는 그렇게 비치지 않았다는 사실에 진석의 아버지는 어깨를 축 늘어뜨린 채 진석의 방에서 나왔다.

## 아버지, 달리다

"사장님! 거래처에서 내년에도 계속해서 부품 보내달래요!
우리 제품 덕분에 매출이 많이 늘었다나 봐요."

갈수록 재계약을 하자는 거래처들이 늘면서 동종업계에서 선두를 달리던 진석의 아버지는 창업 5년 만에 플라스틱 제조업계에서는 알아주는 CEO로 성공했다. 그 후로 수십 년째 아성이 무너지지 않는 기업으로 성공가도를 달리고 있는 터라 진석의 아버지는 자신의 뒤를 이어줄 후계자로 그 누구보다 둘째 아들인 진석에게 기대하고 있었다.

일찍이 별다른 기미가 보이지 않았던 첫째 아들은 후계자 목록에서 지운 지 오래였다. 본래 마음이야 큰 아들에게 물려주고 싶은 게 솔직한 심정이었지만, 큰 아들은 초등학교 시절 교통사고를 당해 그 후유증으로 오랜 시간 심신이 연약해질 대로 연약해져 자기 몸 하나 추스르는 것도 쉽지 않은 삶을 살고 있었다. 체력적으로 약한 것도 문제였고, 사람들 앞에 나서서 뭔가를 진두지휘할 만큼의 외향적인 성격도 못 되는 것이 큰 문제였다.

그러니 큰 아들에게 거는 기대를 애초에 포기했던 것이다. 대신 자신의 성격을 꼭 빼닮은 둘째 아들 진석이 사업을 이어주길 바랐다. 하지만 진석은 이런 아버지와는 생각이 좀 달랐다. 어려서부터 사업한다고 집을 자주 비우고 그런 탓에 엄마를 무척이나 외롭게 한 아버지를 보면서 이런 생각을 했기 때문이다.

'나는 절대로 저렇게 살지 않을 거야.'

어린 진석의 눈에는 가정보다 일이 우선인 아버지, 그래서 일과 가정의 균형을 여지없이 깨뜨린 아버지가 이해되지 않았기 때문이다. 어렸을 때도 이런 생각을 한 진석이지만, 머리가 더 커지자 아버지의 기대와는 달리 다른 길을 가겠노라는 생각이 더더욱 굳어져갔다.

진석은 자신이 좋아하는 음악을 실컷 듣고 그 음악을 소개해주는 프로그램을 만들 수 있는 방송국 음악 PD로 진로를 정했다. 이 꿈을 이루기 위해서 일단 학업에 열중했고 그 결과 일류대에 입학했다. 게다가 우수한 성적으로 졸업도 했다. 그러니 진석의 아버지뿐만 아니라 그 누구라도 진석이 방송국 PD보다는 한 기업을 꾸려나가는 경영인이 될 것이라는 데에 전혀 의심의 눈초리를 보내지 않았다. 단 한 사람, 진석 그 자신만 빼고는 말이다.

## 장밋빛 인생

진석은 아버지의 뜻과 주변의 기대를 저버린 채 방송국에 프로듀서로 입사했다. 그 후 7~8년간은 세상이 온통 장밋빛이었다. 듣고 싶은 음악을 매일 매일 듣고 원하는 아티스트의 공연장을 찾아다니며 그 음악들을 누군가에게 소개하는 일, 그리고 그 일을 하며 돈까지 버니 '이보다 더 행복할 수는 없다'는 것이 진석의 생각이었다. 심지어 입사 10년차 쯤 됐을 때는, 제작비 절감 차원에서 이뤄진 일이긴 했지만, 상사로부터 직접 프로그램을 연출하면서 진행도 해보는 게 어떻겠냐는 제안을 받았다. 이 좋은 기회를 마다할 수 없었던 진석은 그때부터 제2의 전성기를 맞으며 '방송국 생활 만족도'에 별 다섯 개를 주었다. 하지만 그러는 사이에도 아버지의 설득은 끝나지 않고 계속됐다. 아주 집요할 정도로.

'이제는 포기할 때도 됐는데, 노인네도 참…….'

진석은 지치지 않고 자신을 설득하는 아버지를 향해 모진 말도 참 많이 내뱉었다. 이런 아들인데도 아버지는 왜 그토록 가업을 잇게 하려는 것인지 진석은 도무지 이해할 수가 없었다.

"그냥 아버지 밑에서 오랫동안 충성하면서 고생한,
  김 전무님한테 맡기면 되겠구먼."

진석은 이렇게 매번 볼멘소리로 아버지에게 말했다. 하지만 아버지로서는 맨주먹으로 일으킨 이 사업을, 게다가 사랑하는 아내를 저 세상으로 보내면서까지 일으킨 이 가업을 도저히 다른 사람 손에 맡길 수는 없는 노릇이었다.

그런 아버지의 마음을 헤아리지 못하는 건 아니었지만 진석의 생각은 이랬다. 가정을 위한다는 명분으로 사업에만 정신 팔려 가정을 등한시하는 삶. 그런 아이러니한 삶은 내 사전에 없다고 말이다. 젊은 남녀의 밀고 당기기도 아니건만 진석은 그 후로도 몇 년을 더 아버지와 씨름했다.

"진석! 이번에 해외연수 간다며?
  그럼 2년 뒤에 복귀하는 거야?
  야~ 당신 목소리 좋아하는 팬들, 울고불고 난리 나겠네."

서른 후반에 접어든 자식을 붙들고서 가업을 잇게 하려는 욕심을 도무지 포기하지 않는 아버지를 보면서 진석은 이번 기회에 확실히 내 뜻을 못 박겠다는 차원에서 해외연수를 가야겠다고 결심했다. 아니, 이참에 아버지가 포기하게끔 연수기간 외에 몇 년 더 눌러 있다가 돌아와야겠다고 생각했다. 그렇게 진석은 미국으로 날아갔다. 연수도 연수지만, 가장 큰 이유인 아버지를 피해서.

## 수화기 너머에서

여태 짝을 찾지 못해 혼자 몸인 진석에게 미국생활은 자유로움 그 자체였다. 연수 프로그램은 하루에 한두 개, 프로그램을 소화하고 나면 나머지 시간은 모두 자유였다. 이 자유로운 생활마저 너무 익숙해져서 약간은 무료함을 느낄 때였다. 2년간의 해외연수를 6개월 남짓 남겨둔 진석에게 한 통의 전화가 걸려왔다.
아버지 회사의 김 전무였다.

"진석아!! 서울에 언제 오냐?
사장님이 많이 위독하시다."

일흔을 바라보는 나이에도 정정하셨던 양반인데 위독하다니,

진석은 믿을 수 없었다. 미국에 와 있는 동안 아버지에게 무슨 일이 생긴 걸까? 진석은 답답하고 초조해지기 시작했다. 그 길로 공항으로 달려가서는 비행기에 몸을 실었다. 비행기 탑승 전에, 생각난 듯 형에게 전화를 걸었다. 진석보다 두 살 많은 형은 결혼과 동시에 처가식구가 사는 호주로 가버렸다. 어차피 아버지 사업은 진석이 물려받을 거라고 생각하고 있었고 형 자신도 딱히 가업을 이어받고 싶은 생각이 없었기에 내린 결정이었다. 그냥 그곳에서 가족과 함께 도란도란 사는 게 형의 꿈이었던 것이다.

'대체 형은 왜 이렇게 전화를 안 받는 거야?'

몇 차례 전화를 걸어도 수화기 너머에서는 신호음만 울릴 뿐이었다. 핸드폰을 잡은 손에서 축축하게 땀이 배어나왔다. 형과 통화가 됐는지 김 전무에게 전화를 다시 걸어봤지만 이번에는 김 전무도 전화를 받지 않았다.

'나한테 전화했듯이 김 전무님이 형에게도 당연히 전화했겠지? 그래서 형이 지금 내 전화를 못 받는 거겠지?'

이렇게 마음을 진정시킨 진석은 부랴부랴 비행기에 올랐고 아버지가 계신 곳, 내 혈육이 있는 그곳, 서울을 향해 달려갔다.

'택시! 대방동이요!'

비행기에서 내리자마자 택시를 잡아탄 진석은 뒷자리에 앉자마자 김 전무에게 전화했다. 두어 번 신호음이 울리자 김 전무가 전화를 받았다. 이어서, 수화기 건너에서 들려온 목소리는 진석의 가슴을 쿵, 내려앉게 했다.

"사장님……, 운명하셨다."

연락을 받자마자 비행기에 몸을 실었건만 그 사이 아버지는 눈을 감고 만 것이다. 그렇게 진석은 아버지의 임종도 지키지 못한 아들이 되고 말았다. 진석보다 두 시간 먼저 도착했다는 형은 진석의 흐느끼는 어깨를 붙잡으며 자신도 애써 슬픔을 참고 있었다.

'결국 이렇게 가시려고 그 고생을 하셨나요, 아버지.'

진석은 아버지의 갑작스런 죽음 앞에서 무엇을 어떻게 해야 할지 몰랐다. 피땀 어린 회사를 다른 사람이 아닌 자식에게 꼭 물려주고 싶어서 매번 진석과 씨름했던 아버지, 그런 아버지의 마음을 헤아려드릴 새도 없이 저 세상으로 떠나보내야 했으니 진석의 마음은 그야말로 망연자실, 하늘이 무너져 내리는 듯했다. 그저 눈물만이 쉼 없이 흐르고 있었다.

아버지의 장례가 다 끝나고 진석은 김 전무와 만났다.

아버지 회사를 어떻게 이끌어 나가야 할 것인가에 대한 논의를 하기 위해서였다. 이미 큰 형은 사업에 있어서만큼은 모든 걸 진석에게 위임하고 호주로 간 상태였다. 안 그래도 좋지 않은 몸이 아버지의 장례를 치르는 동안 더 쇠해졌기 때문이다. 형마저 호주로 가고 없자 진석은 순간 이 세상에 혼자 남겨진 것 같은 생각이 들었다. 외로움이 밀려왔다. 무엇을 어떻게 결정해야 할지 판단이 서질 않았다.

'이럴 때 아버지라면 어떻게 하셨을까?'

이런 생각이 들자 진석은 아무것도 할 수 없는 자신을 한탄하며 깊은 좌절감에 빠져들었다. 나이만 먹었지 어른스러운 어른은 아니었다는 생각에 고개를 들 수 없었다. 아버지가 만들고 성장시킨 이 회사를 과연 앞으로 어떻게 지켜내야 할지 막막하기만 했다. 답답한 마음에 진석은 김 전무에게 따져 물으며 화를 냈다.

"아니 아버지는 이런 일을 대비해서 나한테 무슨 언질이라도 있었어야 하는 것 아니에요?
내가 그렇게 후계자 안 한다고 해도 만약을 대비해서 승계 부분에 대한 대책은 세워뒀어야 하는 거 아니냐고요?
대체 이름만 대표인 내가 무슨 일을 할 수 있겠어요?"

진석의 질문이 무슨 뜻인지 다 안다는 듯이 김 전무는 물 한잔을 들이키고는 진석을 향해 입을 떼기 시작했다.

"그러게 사장님 생전에 그렇게 누누이 말씀하신 것처럼 후계자 양성훈련을 받았으면 좀 좋았어?
사실, 사장님께서 나한테 지시한 것도 있었다고.
자네가 유학가기 전에 제3자 입장에서 경험을 쌓는 것도 좋겠다면서 회사 밖의 컨설팅 회사에 입사시켜서 훈련받게 하라고도 하셨는데……. 그런데 자네는 능력도 있는데 자꾸만 밖으로 돌기만 하고, 방송국 일이니 뭐니 다른 일 한다고 할 때마다 사장님이 많이 속상해하셨어.

그러다가도 어느 순간에는 돌아오지 않을까, 계속 그렇게 생각하셨는데…….”

여기까지 말을 이은 김 전무의 눈에는 어느새 눈물이 촉촉이 맺혀 있었다. 그 모습을 보니 진석은 더는 무슨 말을 해야 할지 몰랐다. 진석이 고심에 빠진 듯하자, 김 전무는 눈물을 거두고 말을 이어갔다.

“지금도 결코 늦은 건 아니야.

그동안 오며가며 사장님 하시는 걸 지켜본 경험도 있고, 한 몇 년간 나랑 같이 고생하면 사장님께서 키우신 이 기업, 분명 잘 이끌어 갈 수 있을 거야.”

이렇게 말하며 김 전무는 진석의 어깨를 토닥였다. 아버지의 유언대로 당장은 진석이 대표 자리에 앉아 있게는 됐지만 한 기업을 이끌어가기엔 부족한 면이 너무 많았고, 또 방송국 일도 남아 있어서 어떤 식으로든 진석에게는 결단이 필요했다.

## 누군가를 이해한다는 것

"사장님! 저녁 안 드실래요?
계속해서 그 음악, 반복재생 하실 거예요?
저는 기타를 하도 쳤더니 배가 너무 고픈 거 있죠?"

손님이 몇 테이블 바뀌도록 은수는 구석자리에서 기타를 퉁기다가 곡을 쓰다가 하더니, 어느새 배가 고파졌는지 진석을 조르기 시작했다. 때마침 진석도 슬슬 공복감이 밀려오고 있었다. '뭘 먹을까?' 눈빛을 주고받던 진석과 은수는 동시에 외쳤다.

"짜장면!"

"역시 우리는 통하는 게 있다니까~"

은수의 너스레에 진석은 귀엽다는 듯 머리를 쓰다듬으며 깔깔 웃었다.
그리고 보니 「비처럼 음악처럼」을 신청했던 여자 손님도 어느 틈엔가 가고 없었다. 커피 값은 테이블 위에 놓여 있었다. 아마도 깊은 생각에 빠져 있는 자신을 방해하고 싶지 않아서였을 거라고 진석은 생각했다.

'그래도 가면 간다고 말이라도 하고 가지.'

말없이 가버린 그녀가 못내 아쉬운지 진석은 걸음을 옮겨 창밖으로 고개를 내밀었다. 비가 내린 뒤라 쌀쌀해진 기온 탓에 거리의 사람들은 옷깃을 여민 채 걷고 있었다. 팔짱을 낀 채 걸어가는 연인들의 모습을 보니 씁쓸한 웃음이 배어나왔다. 여기저기서 바람에 나뒹구는 낙엽을 보니 제법 가을이 깊어진 듯한 느낌이었다.

"사장님! 짜장면 잘 먹었어요.
 디저트로 커피! 당연히 주실 거죠?
 대신, 이 시간 이후로 오는 손님들 서빙은 제가 다 할게요!
 밥값은 제대로 하겠다고요!"

밥을 먹고 나서 기분이 좀 좋아졌는지 은수는 다소 상기된 얼굴로 카페 테이블 여기저기를 닦고 있었다. 카페 한 쪽에서 누가 짜장면을 먹는지, 기타를 치는지, 관심도 없는 듯 노트북을 펼친 채 세 시간 넘게 일하던 한 손님은 그제야 기지개를 켜며 일어서서는 찻값을 계산하고 나갔다.

이제 남아 있는 테이블은 커플로 보이는 손님 두 명뿐이었다. 상대방의 사소한 손짓과 표정에도 '까르르' 웃어 보이는 그들은 대략 만난 지 두 달쯤 되어 보이는 커플이었다. 남자가 자꾸만 시계를 들여다보는 게 애인의 막차시간을 체크하는 것 같았다. 아마도 헤어지기 아쉬운 마음에 그때까지는 여기서 최대한 시간을 보낼 심사 같았다.

창밖을 내다보니 거리의 사람들도 점점 드문드문 보이기 시작했다. 바람소리도 잦아드는 가을밤. 그 거리에 울려 퍼지는 건 진석의 카페에서 틀어놓은 음악 소리뿐인 듯했다.

"은수야! 이제 말해봐.
 고민 있는데 참고 있었던 거지?"

마지막 손님인 커플까지 다 가고 없자 진석은 은수에게 물었다.

"실은요, 아버지가 본격적으로 경영수업 받으라고 야단이세요.
 한동안 조용하다 싶었는데……"

저 말 한마디가 나오기까지 그 속이 얼마나 답답했을지 진석은 짐작이 되고도 남았다. 오래 전 은수 나이였을 때 진석도 겪었던 일이었기 때문이다.

"본격적으로 너한테 후계자 훈련을 시키시려는 모양이구나!"

진석은 담담하게 반응했다. 은수도 별다른 거부반응 없이 얘기를 이어가려는 듯했다. 이 정도만 해도 상당한 진전이었다. 진석이 예전에 그랬듯이 은수도 아버지 얘기나 후계자 얘기가 나오면 손사래를 쳤기 때문이다.

"아무래도 그런 것 같아요.
근데 저는요, 정말 정말 정말 싫거든요!"

은수는 '정말'이라는 단어를 세 번이나 써가면서 싫다고 말했다. 진석은 그런 은수의 말을 끊지 않고 계속 들어줬다.

"저는 저만의 꿈이 있단 말이에요.
그동안은 아버지가 하라는 대로 다 했지만,
이제는 제가 하고 싶은 대로 하고 싶어요."

그런 생각을 아버지 앞에서도 말해봤냐고 물었더니 은수는 고개를 절레절레 흔들었다. 그러면서 오히려 왜 그런 질문을 하냐는 듯이 맘에 안 든다는 표정으로 진석을 쳐다봤다. 그런 은수에게 진석이 말했다.

"말하지 않으면 몰라.
지금의 네 생각, 말하지 않으면 알 수 없다고."

진석은 카페 뒷정리를 하면서 힐끔힐끔 은수를 쳐다봤다. 은수는 바 쪽에 앉아 고개를 떨어뜨린 채 회전의자를 마냥 돌리고 있었다.

"우리, 나가서 찬바람 좀 쐬면서 얘기할까?"

은수는 말없이 진석의 뒤를 따라 나왔다. 안에서 보는 것보다 바깥의 공기는 훨씬 더 차가웠다. 주머니 속으로 양 손이 저절로 들어갔다. 진석과 은수는 나란히 앞을 보면서 걸었다. 진석은 이대로 쭉ㅡ, 길이 끝나지 않았으면 좋겠다고 생각했다. 고개를 돌려보니 은수도 그런 것 같았다. 두 사람의 볼을 찬바람이 세차게 때리고 갔다. 그러나 아무도 주머니에서 손을 빼 자신의 뺨을 어루만지지는 않았다. 어쩌면 그렇게라도 누군가에게 한 대 맞고는 정신을 차리고 싶었던 건지도 몰랐다. 은수는 답답한 마음에, 진석은 쓸쓸하고 안타까운 마음에, 깊어가는 가을밤 길을 걷고 또 걸었다.

## 떠날 때는 말없이

아버지의 죽음으로 예정된 연수기간보다 일찍 돌아온 진석은 다시금 제자리로 돌아와 방송 일을 하려고 했지만 어쩐지 뭐 하나 손에 잡히질 않았다. 안 그래도 빠르게 변해가는 세상인데, 2년간의 공백을 메우기에는 진석에게 마음의 여유도, 열정도, 그 무엇도 없었다. 진석을 더 힘들게 한 것은 그런 마음을 나눌 사람 하나 없다는 사실이었다. 가족을 위한다는 명분으로 가족을 외롭게 하면서 일에만 매달린 아버지와는 달리, 따뜻한 가족을 만들어보겠다고 큰소리 떵떵 친 진석이었건만 지금의 진석에게는 아버지도, 어머니도, 아내도, 애인도, 그 누구도 없었다. 혈육이라고 단 한 명 있는 큰 형마저 호주에 살고 있으니 서울 이곳에는 철저하게 진석 혼자인 셈이었다.

더 이상 지켜야 할 가족이 없다고 생각한 진석은 어느 날 큰 결심을 했다. 이름만 대표 자리에 걸어놓고서 제대로 경영을 해나가지도 못할 바에야 아버지의 오른팔이었던 김 전무에게 회사경영을 맡기는 게 낫겠다고 말이다. 그게 회사를 위해서도 옳다고 생각했다. 그리고 방송 일 또한 접기로 결심했다.

불특정 다수를 위해 하는 방송이기에 좀 더 신중하고 조심스러워야 함에도 언젠가부터 자꾸 사사로운 감정에 휘말려 평정심을 잃고 마니 마이크 앞에 서는 게 두려워지기 시작했다. 그렇다고 당장에 관둘 수 있는 건 아니었다. 고민 끝에 지금 하는 프로그램을 다음 개편 때까지 마무리하는 걸로 결론지었다. 이어서 진석은 남은 삶을 위해 새로운 준비에 들어가야겠다고 결심했다.

아버지 회사 일이며, 방송국 일까지 모두 정리한 진석은 일단 형이 있는 호주로 가기로 했다. 그곳에서 지내면서 머리를 맑게 한 다음, 남은 생을 위한 새로운 일을 구상하기로 했다. 진석은 집 근처 여행사에 들러 티켓을 예매했다.

"호주행 편도 한 장 부탁해요."

언제 돌아올지 예상할 수 없었던 진석은 이렇게 편도 티켓 한 장을 끊고는 며칠 후 호주행 비행기에 몸을 실었다.

그리고 5년 후,

서울로 돌아온 진석은 또다시 2년간의 준비기간을 거쳐 이 카페를 열었다. 진석이 좋아하는 음악이 있고 은은한 커피향이 카페 문 밖에까지 퍼지는 그런 곳이었다. 무엇보다 사람냄새 나는 공간으로 만들고자 직접 인테리어까지 해가며 만든 곳이라 진석의 애착은 참으로 남달랐다.

그리고 어느 날 이곳을 찾아온 은수에게 진석은 인생선배가 되어주었고, 한때 비슷한 고민을 한 경험자로서 고마운 멘토가 되어주었다. 은수 입장에서는 기꺼이 멘토가 되어준 진석에게 한없이 고마울 수 있겠지만, 사실 진석이 먼저 은수에게 멘토가 되기를 자처했다고 할 수 있다. 왜냐하면, 이제 모두 지난 일이기는 하지만, 진석에게는 아쉬움이 조금 남아 있었기 때문이다.

그 시절, 김 전무가 자신의 멘토가 되어 기업의 어른으로서 핵심적인 정보를 알려주고, 다양한 경로를 통해서 배울 수 있도록 기회를 열어줬다면 좋았을 텐데, 그러지 못한 것이 못내 아쉬움으로 남았다. 특히 회사에 최대한 공헌하겠다는 결심과 필요할 땐 희생까지도 분담해야 한다는 마음가짐이 필요할 때였다.

당시에는 자신의 고집도 정말 못 말리는 수준이었지만, 만약 김 전무가 그때 진석의 입장이 되어서 진석의 눈높이에 맞춰 함께 고민하고 어떤 방법이라도 모색해보려는 노력을 기울였다면 상황은 조금 달라지지 않았을까 하는 생각이 가끔씩 들었다. 특히 2세 경영자에게는 기업의 사장인 아버지가 해줄 수 없는 어떤 역할을 김 전무 같은 멘토가 있어서 옆에서 챙겨줬다면 좋지 않았을까 하는 아쉬움, 그런 생각이었다.

"사장님! 어디 들어가서 뜨끈한 국물 좀 마시지 않을래요?"

은수의 제안이 아니었으면 둘은 걷고 또 걷다가 한강다리마저 건너고 있었을지 모른다. 마침 코앞에 포장마차가 보이자 진석과 은수는 경보라도 하듯 걸어가 꼬치어묵과 우동을 시켰다. 따뜻한 국물이 들어가자 온 몸이 노곤하게 퍼지는 것 같았다. 알싸한 기분마저 감돌았다. 지금이 타이밍이라고 생각한 진석은 은수에게 말했다.

"한때 나도 아버지가 가업을 잇게 하려고 해서 무척이나 힘들었어.
오랜 실랑이 끝에 결국 내가 원하는 대로 방송국에 입사하기는 했지만, 사실 마음 한구석은 늘 불편했어.

언젠가 아버지는 돌아가실 테고 그러면 그 일을 누군가가 맡아야 하는데, 그 누군가가 내가 되어야 하지 않을까 하고 말이야.

실제로 아버지도 나를 후계자로 생각하시고는 하루라도 빨리 경영전선에 몸담게 하고 싶어 하셨는데 끝내 내 고집을 꺾지 못하시고 돌아가신 거지.

사실, 내가 하던 일을 접고 돌아와 당신 일을 이어주기를 묵묵히 기다려주신 분이었는데, 기대에 부응을 못 해드린 게 참 아쉽고 죄송스러워. 그런 의미에서 너는 나 같은 전철을 밟지 않았으면 좋겠는데……."

여기까지 말하자 은수는 먹던 걸 멈추고 진석의 말에 좀 더 귀를 기울이기 시작했다. 아니, 뭔가 묻고 싶은 게 많은 표정으로 진석을 쳐다보고 있었다.

"사실은, 경영학을 전공한 학생으로서 이 분야가 완전히 싫은 건 아니에요. 학부 때 성적도 상당히 좋아서 아버지가 내심 기대를 하신 것 같은데…….

다만, 내가 원하는 게 정확히 뭔지 알지 못한 상태에서 무조건 아버지가 하라는 대로 경영수업을 받아야 하는 게 못마땅한 거지요.

그렇게 떠밀려서 일하다보면 내 꿈은 저 멀리로 사라져버릴 것만 같아서요."


"은수 네 말도 맞아.

사람이 잘하는 일과 하고 싶은 일이 같다면, 그것처럼 행복한 것도 없을 거야. 하지만 인생이 꼭 그렇지만은 않기에 매순간 '선택'이라는 게 있는 거겠지?

그리고 선택의 기로에서 제대로 된 결정을 하려면 충분한 대화가 필요한 거고."


똑똑한 아이답게 바로 말귀를 알아들은 은수는 큰 결심이라도 했다는 듯이 진석에게 말했다.


"아버지랑 한번 얘기해봐야겠네요. 구체적으로 저에 대해서 어떤 계획을 갖고 계신 건지, 제가 어떻게 했으면 하는 건지요."


진석은 흡족한 듯이 바로 되받아 말했다.


"바로 그거야.

내가 우리 아버지랑 못한 부분이 그건데 너라면 잘 할 수 있을 거야. 당장에 어떤 결론을 내리려고 하기보다는 너와 아버지의 절충안을 찾는 과정도 참 중요한 것 같아.

이를테면, 너는 너대로 음악공부도 더 해보고 그러면서 아버지가 원하시는 대로 경영수업도 받아보면서, 너한테 더 맞는 길을 찾아가는 거지. 지금 이렇다 저렇다 단정 짓는 것보다는 말이야."

진석의 말에 은수는 위 아래로 고개를 크게 끄덕였다.

간만에 제대로 된 조언을 했다는 생각에 진석의 입가에도 슬며시 미소가 번지는 듯했다.

"사장님! 일단 피하는 게 능사는 아니라는 생각이 들었어요.

뭐가 어떻게 되든 아버지랑 만나서 얘기해보는 게 맞는 것 같네요.

아무튼, 오늘 여러 가지 얘기들, 감사해요."

은수는 이 말을 내뱉고는 쑥스러운 듯 버스 정류장으로 달려갔다. 텅 빈 거리에 혼자 남은 진석은 쓸쓸히 집을 향해 발걸음을 옮겼다.

'내일도 카페에 그녀가 왔으면 좋겠네…….'

이렇게 생각한 진석은 혼자인데도 머쓱한지 머리를 긁적이고는 앞으로, 앞으로 힘차게 걸어갔다. 오늘과는 또 다른 희망찬 내일을 기대하면서…….

제2장
# 씨 웨이(C Way)

중소기업 간부로 살아가는 종찬의 이야기

## 종찬의 아침

종찬은 며칠째 입안이 꺼끌꺼끌한 걸 참고 있었다. 그런데 오늘 아침은 이부자리에서 일어나는 것도 영 개운치가 않더니 급기야 몸살기까지 느껴졌다.

'그간의 스트레스가 몸으로 나타나는군.'

종찬은 혼잣말을 하며 침대에서 내려왔다. 피곤한 몸을 이끌고 서둘러 출근준비를 하고 있는데 밖에서 아내 희정의 목소리가 들려왔다.

"여보, 오늘도 아침 거르고 출근하실 거에요?
그러지 말고 한술이라도 떠요."


희정은 종찬과 결혼한 후 단 한 번도 아침상 차리는 걸 쉬어본 적이 없었다. 그것만으로도 참 고마운 일인데 매일 아침 다른 국으로 내오기까지 했으니 그 정성은 이루 말할 수가 없다. 뿐만 아니라 8층 아파트에서 1층까지 내려와 출근하는 종찬을 배웅하는 일 역시 단 하루도 거르지 않았다. 그 덕에 종찬은 주변 사람들로부터 이런 얘기를 종종 듣곤 했다.


"자네, 장가 한번 아주 잘 간 줄 알아!
마누라 덕분에 그만큼 사는 줄 알라고~"


종찬이 생각해도 그랬다. 아무것도 없는 남자한테 시집와서 오늘날 이만큼 살기까지 20년 넘게 살림을 야무지게 꾸려나가고 있는 희정은 그 누가 뭐래도 대한민국 최고의 현모양처였다. 그런데 요즘 종찬의 심기가 불편한 것처럼 보이자 희정은 여간 마음이 쓰이는 게 아니었다. 며칠을 조용히 지켜보던 희정은 출근하는 남편에게 조심스럽게 말했다.

"여보, 이번 주말에 시간 좀 낼 수 있어요?
 저랑 어디 가까운 데로 여행 다녀오지 않을래요?"

"뭐, 여행?"

이 와중에 무슨 여행이냐는 듯이 종찬은 대꾸했다. 그러나 그런 반응까지도 예상하고 있었다는 듯 희정은 말을 이어갔다.

"당신, 요즘 많이 힘들어 보여요.
 무슨 일인지는 잘 모르겠지만 여유를 갖고 생각했으면 해서요."

희정의 말에 종찬은 아무 말 없이 넥타이를 고쳐 매고는 살짝 찌푸린 얼굴로 현관문을 나서며 말했다.

"나 다녀올게. 그리고 너무 신경 쓰지 마."

종찬은 자신의 눈치를 살피는 희정에게 미안한 마음을 이런 식으로 표현하며 출근길에 올랐다.

'여유라…….'

종찬은 희정이 한 말을 되뇌고 또 되뇌었다. 희정의 제안이 아니더라도 종찬은 당장에라도 여유를 누리고 싶은 마음이 굴뚝같았다. 하지만 회사에 출근하면 곧장 마주치는 사장의 처남 때문에 그나마 있던 여유마저 사라지는 느낌이었다.

## 중견간부로 살아간다는 것

종찬은 가구업체에서 일하고 있는 중견간부다. 창업할 당시부터 사장 옆에서 함께 일을 시작해왔으니 회사에 대한 자부심과 애정은 사장 못지않게 대단했다. 직급은 본부장이었지만 사장의 일거수일투족을 다 보필하고 있는 오른팔이나 마찬가지라고 할 수 있다. 직원들 그 누구도 이를 모르지 않았고 그 누구보다 사장 곁에서 묵묵히 일을 수행하는 비서로서 조금의 손색이 없음을 부인하지 않았다. 그렇게 이 회사는 35년간 건강하게 성장해오고 있었다. 6개월 전 사장의 처남이 등장하기 전까지는.

종찬이 사무실에 들어서자 오늘따라 사훈이 눈에 띄었다.

성실 · 정직

사장의 경영방침대로 회사는 '성실과 정직'을 사원들에게 끊임없이 요구했다. 진부한 내용 같아 보이지만 어쩌면 사회생활에서 가장 중요한 덕목이자 기업체를 운영하는 데에서도 가장 기본이 되어야 할 원칙이기도 했다. 이 원칙과 덕목을 생각하며 늘 성실과 정직을 고수해온 종찬이었다. 그런데 요즘 같아서는, 이렇게 살아온 내게 왜 이런 일이 생겨야 하나, 답답할 지경이었다.

사무실에 들어와 자리에 앉자 사장이 호출을 해왔다. 흐트러진 표정을 얼른 고치고는 사장실로 들어갔다.

종찬은 오늘따라 왠지 저 문을 열고 사장실 안으로 들어가는 게 낯설게만 느껴졌다. 전에 없던 감정이라 순간, 목에 메여 있는 넥타이마저 거추장스럽게 느껴졌다. 그렇다고 넥타이를 풀어재낄 수도 없는 노릇이었다.

"박 본부장! 어서와."

사장은 보던 신문을 탁탁 접더니 금테안경 너머로 종찬을 바라봤다. 그 모습이 그다지 유쾌하게 느껴지지 않은 종찬은 잔뜩 긴장한 표정으로 사장 옆자리로 다가와 앉았다.

"박본, 얼굴이 까칠한 게 요즘 무슨 일 있나?"

"아닙니다. 아무 일 없습니다."

종찬은 짧게 대답했다.
여비서가 차를 내오자 잠시 둘의 대화가 끊겼다.

"차 들게."

사장은 늘 그랬듯이 친절하게 차를 권하고는 소파 깊숙이 몸을 뉘였다. 그리고는 눈을 지그시 감고 경고하듯 넌지시 종찬에게 말했다.

"요즘 이상한 소문이 들리던데……."

"네? 이상한 소문이라니요?"

종찬은 말끝을 흐리며 이렇게 대답했지만, 사실 언젠가 이런 날이 올 줄 알고 있었다. 마음 같아서는 자신을 오해한 채 심문하듯 물어보는 사장을 향해 '그게 아니라'고 말하고 싶었지만 지금은 시기적으로 얘기할 단계가 아니라는 판단이 들었다. 섣불리 아니라고 했다가는 사장의 처남을 욕 먹이는 꼴이 되기 때문이었다.

어쨌든 오해의 소지를 만든 건 종찬이었기 때문에 종찬은 답답한 마음을 억누르고는 간신히 차 한 모금을 넘겼다. 사장과 대면하고 있는 그 잠깐의 시간, 그 십 분의 시간이 너무도 길게 느껴졌다.

"내가 자네를 어떻게 생각하는지는 잘 알고 있지?"

사장은 단도직입적으로 묻지 않고 이리저리 빙빙 돌려가며 종찬에게 말했다.

"알고말고요. 늘 감사하게 생각하고 있습니다."

종찬은 비굴하게 느껴질 정도로 머리를 조아리면서 사장에게 말했다. 하지만 이건 진심이었다. 사장 덕분에 이 자리까지 오게 됐고 훗날 자신한테 경영권을 넘기겠다는 무언의 약속에 대해 나름 확신하고 있었기 때문이다. 그리고 이건 혼자만의 생각이 아니라 그동안 이곳에서 함께 지내온 직원들이라면 그 누구라도 인정하는 일이었다. 그런데 한순간에 배신자로 몰리게 됐으니 종찬은 정말이지 답답해서 미칠 지경이었다.

사장은 여기까지 말하고는 종찬에게 뭔가 더 묻는 것을 그만두었다. 오히려 침묵이 주는 위엄이 더 무섭다고 느낀 종찬은 사장실에서 나와 사장의 처남에게 전화를 걸었다.

"이봐 김 부장, 퇴근 후에 나 좀 보지."

종찬은 대뜸 통보하듯 말했다. 그러자 수화기 너머에서 한껏 여유 있는 목소리로 김 부장이 대답했다.

"무슨 일 있어요?
아, 그래요 그래. 전화로는 곤란할 테니 이따 보자고요!"

김 부장의 건방진 태도에 욱, 하고 한마디가 치솟았지만 겨우 참고는 전화를 끊었다. 그 탓에 애꿎은 전화기만 부서질 뻔했다.

종찬은 잠시 바람을 쐴 겸 회사 건물 옥상으로 올라와서 고개를 들고 기지개를 켰다. '아—' 하고 외마디 소리도 질러봤다. 하지만 유유히 흘러가는 구름이 종찬의 마음을 더 외롭게 만들 뿐이었다. 그동안 사장님을 보필하며 고생해온 날들이 사장의 처남 때문에 한순간에 무너진다고 생각하니 야속하기 그지없었다. 앞으로 몇 년만 더 고생하면 당당히 이 회사의 오너가 될 수 있다는 꿈이 있었는데, 그게 한순간에 모두 물거품이 된다고 생각하니 왈칵 눈물이 나올 것만 같았다. 그동안 성실하게 일해 온 보상이 깡그리 사라진다고 생각하니 앞으로 무엇을 어떻게 해야 할지 판단이 서질 않았다. 그저 깊은 한숨만이 새어나올 뿐이었다.

부르르, 부르르……

옥상 난간에 기대어 신세한탄을 하고 있는 종찬의 양복 안주머니에서 휴대전화의 진동이 요란하게 울리고 있었다. 발신자 번호를 보니 아내 희정이었다.

"왜—에?"

종찬은 짜증 가득한 목소리로 말했다.

"뭐 좀 챙겨 먹었나, 궁금해서요."

자꾸 끼니를 거르는 남편이 안쓰러운지 희정은 그것부터 물었다.

"내가 알아서 먹을게."

종찬이 퉁명스럽게 말하자 희정은 이내 말을 가로채며 자신이 하고자 하는 말을 이어갔다. 희정이 전화한 용건은 이랬다.

"알아서 안 먹으니까 제가 이러죠!
 제가 죽이라도 만들어서 회사로 갈까요?
 오후에 공장에 가야 한다면서요.
 빈속으로 다니다가 탈나면 어쩌려고 그래요."

계속 전화기를 들고 있다가는 희정한테 온갖 짜증을 퍼부을 것만 같았다. 자신을 생각해서 이러는 걸 잘 알기에 종찬은 가까스로 마음을 진정시키고는 말했다.

"당신 걱정시켜서 미안해.
 죽은 됐고, 이따 저녁에 집에서 봅시다."

"여보! 그러지 말고……."

뚜뚜뚜뚜…….

종찬은 희정의 말을 더 듣지 않고, 휴대전화의 종료 버튼을 눌러버렸다.

## 저절로 기도가 나오다

"본부장님, 이 서류 좀 검토해주세요."

옥상에서 내려와 자리로 돌아오니 책상에 결재서류가 몇 개씩이나 쌓여 있었다. 하나하나 살펴보려는 찰나 여직원은 그 서류들보다 이것부터 봐달라며 자신이 갖고 온 서류를 가슴팍에서 꺼내 두 손으로 내밀었다. 최근 종찬의 회사에서 주최한 가구 디자인 대회에서 최종심사까지 올라온 시안들이었다. 하지만 지금의 종찬에게 그것들이 눈에 들어올 턱이 없었다.

"거기에 두고 가요."

종찬의 통명스런 대답에 여직원은 뒷걸음치듯 자리로 돌아갔다. 잊을 만하면 한 번씩 찾아오는 편두통. 종찬은 요즘, 수시로 찾아오는 편두통 때문에 그야말로 머리가 '뽀개질' 지경이었다. 약을 먹어봐도 소용이 없었다. 이 모든 게 스트레스 때문이라는 걸 잘 알고 있었다. 그리고 그 스트레스의 주범은 사장의 처남, 김 부장이라는 것도 너무도 정확히 알고 있었다.

 종찬은 두통을 참아가며 결재서류들을 살펴볼까, 하다가 공장에 가야 할 시간이 됐다는 걸 깨달았다. 급한 마음에 서둘러 지하 주차장으로 내려왔다. 차에 올라타자마자 시동을 걸고, 안전벨트를 매고, 겨우겨우 주차장을 빠져나왔다. 얼마쯤 달렸을까? 종찬은 차 창문을 내려 보았다. 시원한 바람이 불어들어 왔다. 이마에 송골송골 맺혀 있던 땀방울이 단번에 씻기는 듯했다.

 서울 외곽에 있는 공장으로 향하는 동안 신호대기에 걸릴 때마다 잠시 눈을 감고 종찬은 간절히 기도했다.

 '저를 모함하는 자들의 마음을 돌이켜주소서……'

 김 부장과의 약속시간이 다가오자 종찬은 괜스레 마음이 급해졌다. 만나서 어떻게 얘기를 풀어나가는 게 좋을지 생각하고 또 생각했다. 하지만 어떤 게 가장 최상의 답인지에 대해서는 아직 확신이 서지 않았다.

약속장소에 도착하니 김 부장이 먼저 와 있었다. 순간 그 얼굴을 보니 부아가 치밀었다. 그때였다. 김 부장 입에서 종찬을 발끈하게 하는 말이 튀어 나왔다.

"박본, 이쪽으로."

'박 본부장'이라는 직함에 '님'자를 붙이는 것까지는 애초에 김 부장한테 기대하지도 않았다. 하지만 '박본'이라고 짧게 말할 줄은 정말 몰랐다. 회사 밖이라고 막 나가자는 건지 뭔지, 종찬은 기분이 매우 언짢아졌다.

## 반갑지 않은 손님

김 부장은 6개월 전, 하던 사업을 모두 접고 자신의 매형이 사장으로 있는 이 회사에 들어왔다. 그 나이, 그 경력에 여느 회사에 취직하기는 틀렸기 때문이다. 하나밖에 없는 처남을 그냥 두고 볼 수 없었던 사장은 '부장'자리 하나를 내줬다. 하지만 첫 출근한 그 날부터 말이 부장이지 '부사장' 행세를 하고 다니는 통에 종찬은 놀라지 않을 수 없었다. 물론 사장 앞에서는 철저하게 부장의 역할을 수행하고 있었으니 직원들이 일부러 가서 말하지 않는 한 사장에게는 그저 딱하기만 한 처남, 먹고 살기 위해 애쓰는 처남일 뿐이었다.

거기까지는 좋았다. 문제는, 사장에게는 두 딸이 있었는데 다들 결혼과 동시에 각자 뜻한 바가 있어 다른 길을 가느라 아버지의 뒤를 이을 수 없는 상황이었다. 진즉에 자식들 중에서는 후계자가 없음을 냉정하게 인지한 사장은 결국 자신의 오른팔인 종찬에게 경영권을 넘기려고 생각했다. 그런데 김 부장이 이를 알아채고는 그때부터 꾀를 내기 시작한 것이었다.

"여기 물 한 잔만 더 주세요."

식사가 나오기도 전에 종찬은 연거푸 물을 두 컵이나 마셨다. 그 모습을 본 김 부장은 비아냥거리듯 종찬에게 말했다.

"왜, 속이 좀 많이 타시나?
그러게 내가 크게 선심 썼을 때 그 자리 내주겠다고 약속했으면 좋았잖아요."

"이봐, 김 부장!
내가 그쪽 사람을 만난 건 다른 이유라는 거, 자네도 잘 알잖아. 그런데 대체 언제까지 그 문제로 나를 괴롭힐 건가?"

종찬은 터져 나오는 분을 참지 못하고 내뱉었다.
그러자 김 부장도 지지 않고 쏘아붙였다.

"이거 왜 이러시나, 선수끼리.
그날, 우리 매형이 업계에서 가장 견제하는 경쟁업체 전무랑 만나서 쑥덕쑥덕한 거, 내가 두 눈으로 다 봤는데도 발뺌하시겠다고요?
정보통에 의하면 그쪽에다 자리 하나 알아봐달라고 했다던데, 내가 이 얘기를 우리 매형한테 조목조목 다 고하면 어떻게 될까요, 아마 배신당한 마음에 몸져누우시겠죠?"

"이봐, 김 부장……."

종찬은 테이블 아래에서 손이 부들부들 떨리는 걸 꾹 참아냈다.
그리고는 천천히 다시 말을 이어갔다.

"자네가 먼저 그랬지?

사장님이 후계자 자리에 가족인 김 부장, 자네를 생각하고 있다고.

그러니 25년 세월은 다 잊고 다른 데 가서 새 출발하라고."

6개월 전에 이 회사에 들어온 김 부장은 이미 매형이 종찬에게 경영권을 넘겨줄 생각이라는 걸 알고 있었다. 하지만 시간이 지날수록 그 자리가 탐이 났다. 급기야 그 자리를 자기 것으로 만들기 위한 작전에 들어갔던 것이다. 아주 비열한 방법으로.

"이봐, 말은 바로 하자고."

종찬은 한상 거하게 차려진 식탁에는 손도 대지 않은 채 말을 이어갔다. 종찬의 말을 듣는 건지 마는 건지 김 부장은 모든 반찬에 젓가락을 한 번씩 대가면서 아주 여유로운 표정을 지어보였다.

"자네 같으면 그 말을 듣고 사장님에 대해서 서운한 생각이 안 들겠나?

사장님과 함께 25년간 고생해가며 일으켜온 회사인데, 어찌 배신감이 안 들겠냐고?"

"그러니까, 제가 그 고생, 후하게 쳐드린다고 하지 않아요.
그러면 될 걸, 뭘 그리 언성을 높이고 그러세요?
밥맛 떨어지게…….."

"뭐가 어쩌고 어째?"

종찬은 여차하면 김 부장의 멱살을 잡을 태세였다. 하지만 다시 한 번 꾹 참고 자리에 앉았다. 벌겋게 상기된 얼굴은 좀처럼 가라앉지 않았다. 몸에서 후끈, 열이 나는 것도 같았다. 빨리 이 자리에서 벗어나고 싶었다. 종찬은 어린아이처럼 갑자기 아내가 보고 싶어졌다. 아내 품에서 한 며칠 쉬고 싶다는 생각이 간절해졌다.

## 오해와 이해 사이

종찬이 경쟁업체 전무를 찾아간 건 사실이었다. 김 부장이 회사에 출근한 지 한 달 쯤 지났을 때였다. 갑자기 종찬을 불러낸 김 부장이 회사 경영에 대해 이것저것 캐묻더니 어느새 파악을 다 했는지 종찬이 자녀들을 조기유학 보낸 것이며 종찬의 남동생 때문에 종찬과 종찬 처가 경제적으로 엄청 고생하는 것까지 다 알고 있었다.
 그러면서 하는 말이 원하는 만큼 돈을 줄 테니 이제 그만 사장의 수발드는 것을 관두라는 것이었다. 한마디로 차기 경영권을 접으라는 뜻이었다. 그러면서 매형이 자신한테로 경영권을 넘기도록 도우라는 얘기도 덧붙였다. 어이없어 하는 종찬을 향해 김 부장이 쐐기를 박은 건 이 한마디였다.

"사실, 이런 얘기 하기는 뭣한데, 매형도 나와 같은 생각이에요.
 아직 박본한테 말할 단계가 아니라서 그렇지.
 나중에 알고 당황해할까 봐 내가 지금 말해주는 거예요.
 그러니 고맙게 생각하시라고요."

 김 부장에게 이 말을 들었을 때 종찬은 처음에는 그럴 리가 없다고 생각했다. 내가 아는 사장님은 절대 그럴 분이 아니라고. 하지만 김 부장은 가족이고 나는 가족이 아닌 남이라는 걸 깨닫는 순간, '그럴 수도 있겠다'라는 생각이 종찬의 머리를 스쳐갔다. 이런 생각을 더욱 뒷받침해주는 게 있었으니 그건 바로 언젠가 들은 조찬 강연의 내용이었다.

 가족기업은 사랑이 우선인 가족이라는 속성과 이익을 우선시하는 기업이라는 양립적 속성을 동시에 가지고 있다.

바로 이 강연 내용을 떠올리니 사장님 역시 가족인 김 부장을 우선시하는구나, 하는 생각에 자연스레 수긍이 갔던 것이다.
그리고 마침내 이런 생각에 미치자 언젠가부터 사장님이 종찬을 대하는 게 조금은 어색했던 게 기억났다. 그리고 나니 모든 게 허망해졌다. 처음부터 사장이 되려고 꿈을 꾼 건 아니었다. 열심히 사장 곁에서 일해 온 결과 종찬의 능력을 알아봐주고 믿어준 사장님 덕분에 나중에야 생각지도 못한 꿈을 키운 것이었다. 그런데 그 결과가 이거라고 생각하니 종찬은 깊은 절망에 빠지고 말았다. 도무지 믿어지지 않는 이야기였다.
그 즈음 캐나다로 유학을 떠난 두 아이의 학비와 생활을 봐주고 있는 이모님 댁에 부칠 돈이며 사고뭉치 남동생한테 들어가는 돈까지, 종찬의 마이너스 통장만으로는 더 이상 해결이 안 되는 수위에 이르고 말았다. 사실 종찬의 형편에 아이들을 유학 보낼 상황은 아니었다. 그런데 가깝게 지내는 이모님이 한사코 당신 있을 때 아이들을 보내라고 채근했다. 좀 무리가 되더라도 학비만 보내주면, 나머지 생활비는 이모님이 알아서 충당하겠다며 이 좋은 기회를 놓치지 말라는 것이었다. 워낙에 젊어서부터 당신 자녀들에게도 학구열이 상당히 높은 이모님이셨기에 종찬 부부는 고민 끝에 그렇게 아이들을 유학 보내기로 결정했다.

상황이 이렇다보니 당장에 처리해야 할 돈들이 너무 많은데 갑자기 없는 돈이 어디서 솟는 것도 아니고, 그렇다고 마냥 넋 놓고 있을 수도 없고 해서, 종찬은 평소 잘 알고 지내던 경쟁업체 유 전무를 찾아갔다. 유 전무에게 상황을 말하고 돈을 좀 빌릴 심사였다. 그런데 유 전무는 오히려 거액의 돈을 제시하면서 자기네 회사로 스카우트를 제안하는 게 아닌가? 종찬은 생각지도 못한 일이라 얼떨떨해하고 있었는데 하필이면 그 상황을 바로 김 부장한테 들키고 말았던 것이다. 당황해하는 종찬을 본 김 부장은 '그럼 그렇지' 하는 표정으로 차갑게 종찬 곁을 지나갔다. 그 다음 일은 안 봐도 훤했다. 잘못한 일이 없으면서도 왠지 잘못한 것만 같은 생각이 든 종찬은 다음날 눈뜨기가 무섭게 김 부장을 찾아갔다.

예상한대로 김 부장은 종찬을 차갑게 노려보며 말했다.

"왜요?

나한테는 이 회사에, 아니 우리 매형한테 충성맹세 할 것처럼 해 놓고 뒤에 가서는 다른 작자를 만나요? 그것도 경쟁업체 사람을?"

"이봐 김 부장, 그게 아니고······."

더는 들을 것도 없다는 듯이 김 부장은 종찬의 말을 잘랐다.

"됐고요! 박본이 마음 떠났는데 우리 매형 혼자 해바라기 하게 할 수는 없죠.

쯔쯧……. 이래서 남한테는 회사를 맡길 수가 없다니까.

이미 우리 회사 비밀을 유 전무한테 넘겼는지 알게 뭐람?"

김 부장은 이렇게 말하고는 종찬을 밀치듯 쌩하니 사무실 밖으로 나가버렸다. 그 다음부터였던 것 같다. 사장이 종찬을 대하는 게 이상했던 게. 그걸 보니 김 부장이 사장님에게 뭐라고 말을 했을지도 충분히 짐작이 됐다. 하지만 그렇다고 해서 당장에 사장님한테 달려가서 물어볼 수도 없는 노릇이었다. 어쩌면 그때 종찬은 두려웠는지도 모른다. 사장님 입에서 종찬 대신 김 부장이 후계자라는 말이 나오는 것을…….

그때 종찬이 할 수 있었던 일은 아무 일도 없다는 듯이 예전과 똑같이 지내면서 시간을 버는 것, 그것뿐이었다.

꼼수?

"박본, 음식 다 식겠어요.
 먹으면서 화내야 속도 덜 뒤집힐 걸요?
 껄껄……."

얼마간의 시간이 지났는지 모르겠다. 계속되는 김 부장의 비웃는 듯한 말에 피가 거꾸로 솟는 것 같았지만 종찬은 속으로 '릴렉스, 릴렉스~' 하면서 마음을 가다듬었다. 더 이상 말이 통하지 않는 김 부장과 진을 빼고 싶지 않았다.

"무슨 생각을 그렇게 골똘히 해요?
 혹시 다른 꼼수라도 생각하는 거예요?"

'뭐, 꼼수라고?'

종찬은 김 부장의 어이없는 한마디에 뭔가 정신이 번쩍 들었다. 그리고는 차분한 말투로 김 부장을 향해 말을 이어갔다.

"자네도 그동안 사업을 해봐서 알 텐데 말이야.

사업이란 게 말이야…….”

"가만 가만, 박본!
 지금 나한테 사업에 대해 연설하려고요?
 아니, 이 양반이, 누가 누구를 가르치겠다는 거야?"

종찬이 몇 마디 꺼내지도 않았는데 김 부장은 언짢다는 듯이 말을 가로 막았다. 그리고는 자리에서 일어나 나갈 채비를 했다.

"이봐, 그렇게 가버리면 쓰나.
 하던 얘기는 마저 해야지…….”

종찬이 겨우 감정을 누르고 말했다. 하지만 김 부장은 들은 체도 않고 그 길로 식당을 나가버렸다. 혼자 남은 종찬은 식어빠진 음식 앞에서 멍하니 앉아 있었다.

아침에 눈을 뜨니 희정이 외출할 준비를 하고 있었다. 커튼 사이로 새어 들어오는 햇살에 눈을 찌푸리며 종찬이 물었다.

"당신, 아침부터 어딜 가려고?"

종찬의 질문에 새삼 무슨 그런 질문이 다 있냐는 듯한 표정으로 희정이 말했다.

"교회 가지 어딜 가요?
오늘이 주일인 것도 모르죠, 당신?"

그 말에 종찬은 침대에서 번쩍 일어나 목욕탕으로 뛰어 들어갔다. 그리고는 다시 욕실 문을 열고는 고개를 빼꼼 내민 채 희정에게 말했다.

"오늘은 나도 갈래. 조금만 기다려줘."

"정말요?"

희정은 속으로 '주여! 아멘~' 하고 외쳤다. 안 그래도 요즘 종찬이 너무 힘들어해서 같이 교회 가서 기도하자고 말할 참이었는데, 먼저 저렇게 나서주니 희정은 그 마음이 참 고마웠다. 아직까지 어떤 문제로 고민하고 있는지 종찬이 말하지 않았지만 희정은 재촉하지 않기로 했다. 그저 기도하면서 때를 기다리기로 했다.


## 발걸음 사뿐하게

"이봐 박 본부장, 내일 조찬모임 장소가 어디라고 했지?"

사장님이 비서에게 묻지 않고 종찬에게 직접 전화를 한 건 조찬모임에 같이 가자는 뜻이라는 걸 종찬은 잘 알고 있었다. 종찬은 오랜만에 상기된 목소리로 대답했다.

"네, 중소기업협동조합중앙회입니다."

전문경영인들의 조찬모임은 매달 셋째 주에 이어져오고 있었다. 종찬도 그동안 사장님을 따라 몇 차례 회동한 적이 있었다. 하지만 매번 갈 때마다 어색했던 것도 사실이었다. 그 자리에는 대부분 오너들만 오기 때문에 종찬은 수행비서 자격으로 따라 간 그 자리가 불편할 수밖에 없었다. 하지만 바로 그 점을 사장은 참 마음에 들어 했다. 사장이 은연중에 종찬을 차기 후계자로 생각하고 있었고 종찬도 그걸 알고 있었지만 그 사실을 믿고 종찬이 너무

설쳐댔다면 눈 밖에 났을 터였다. 하지만 종찬은 나설 때와 빠질 때를 정확히 알고 있었다. 그리고 그것이 지금, 종찬의 위치에서 해야 할 역할이라고 생각하고 있었다.

"내일은 자네가 나와 좀 같이 가줘야겠네."

사장님은 짧게 한마디 하고는 전화를 끊었다.
종찬은 생각했다. 아무래도 내일 뭔가 하실 말씀이 있는 게 분명하다고.

'그래 어쩌면 내일이 타이밍일지도 몰라.'

이렇게 생각한 종찬은 그간 김 부장과 있었던 일에 대해서 사장과 오해를 풀 수 있을 것만 같아 오랜만에 얼굴에 웃음이 번졌다. 제발 그렇게 되길 종찬은 기도하고 또 기도했다.

서둘러 왔는데도 이미 조찬모임 장소에는 많은 경영인들로 북적이고 있었다. 고개를 둘러보니 저쪽에서 사장님이 종찬을 향해

손을 흔들고 있었다. 가까이 가니 사장님 곁에는 협력업체 사장들이 몇몇 모여 있었다. 그리고 그 곁에는 몇 달 전 종찬이 만났던 경쟁업체의 전무도 앉아 있었다. 그때였다. 사장님이 종찬을 불러서는 인사를 시켜줬다.

"박 본부장, 인사해.
 여기는, 요즘 화장품 업계에 새바람을 일으키고 있는 A업체 김 사장! 이쪽은, 뚝심 하나로 승승장구하고 있는 B의류원단의 박 사장.
 허허, 이 양반들이 오랜만에 나왔지 뭐야."

그러고 보니 사장님을 따라 몇 차례 조찬모임에 오는 동안 한 번도 뵙지 못한 분들이었다.

"박종찬이라고 합니다. 잘 부탁합니다."

종찬은 허리를 90도로 숙여 인사를 했다. 그러자 사장님이 종찬의 어깨를 툭툭 치며 주위에 있는 다른 사장들에게 말하는 것이었다.

"이만한 사람이 없어. 그러니 김 사장, 박 사장!
 우리 박 본부장, 앞으로 신경 좀 잘 써주라고."

순간 종찬은 의아했다. 왠지 사장이 저렇게 말하는 데에는 숨은 뜻이 있는 것만 같았기 때문이다.

"그럼요~, 박 본부장 의리 하나는 끝내주죠!
 아니지, 아니지. 박본으로 말하자면,
 의리뿐만이 아니라 회사에 대한 충정도 정말 대단하던 걸요?
 사장님! 부하직원 제대로 키웠습니다!
 아~주 부럽습니다."

이렇게 말하며 분위기를 띄운 건 종찬이 얼마 전에 만났던 경쟁업체의 전무였다. 그리고 이렇게 말한 건 지난 번 전무의 스카우트 제안을 종찬이 일언지하에 거절한 걸 빗댄 것이었다.
한편, 그동안의 김 부장 태도로 봐서는 사장님이 종찬에 대해서 오해하고 있는 게 틀림없을 텐데, 다른 사람들 앞에서 이렇게 종찬을 칭찬하고 부탁하는 게 잘 납득이 가지 않았다. 그러자 종찬은 언젠가 김 부장이 말한 '꼼수'라는 단어가 떠올랐다. 혹시나 싶어서 피해왔던 일인데, 왠지 오늘은 사장님과 대면해 이것저것 물어봐야겠다는 생각이 들었다.

조찬모임은 1년 정도 이어지고 있었다. 매달 선정된 한 명의 발제자가 특별강연을 하는데, 다들 각자의 업무에 치중하느라 놓칠 수 있는 트렌드에 대해서 콕 짚어주니 시간이 지날수록 이 자리에 나오려는 경영인들이 늘고 있는 상황이었다. 오늘의 강연은 '친환경'과 '녹색경영'에 관한 것으로, 특히 가구업계에 부는 환경 트렌드에 대해 생각해볼 수 있어서 종찬에게는 특별히 더 인상적인 시간이었다.

## 한 박자 쉬어가기

회사로 돌아오자 사장님은 종찬을 사장실로 불러들였다. 그리고는 차 한 잔을 건네며 말했다.

"박 본부장, 오늘 강연, 열심히 듣던데?"

"사장님 덕분에 좋은 시간 보냈습니다. 감사합니다."

종찬이 정중히 대답하자 사장님은 창문 너머로 시선을 돌리더니 불쑥 무심한 듯 한마디를 내뱉었다.

"그 좋은 시간들……, 나랑 계속 누릴 생각이 있는 거지?"

그 말의 뜻이 뭔지 짐작할 수 있었던 종찬은 사장님의 얼굴을 쳐다봤다. 그리고는 사장 가까이로 한걸음 자리를 옮겨서는 얘기를 이어나갔다.

곰곰이 생각해보니 꼼수는 다름 아닌 사장님의 처남인 김 부장이 부리고 있었다. 알고 보니 사장님한테는 종찬이 거액의 돈을 받고 다른 회사로 옮기려 한다고 말해 한순간에 25년 세월을 등진 배신자로 몰아세웠고, 종찬한테는 사장님이 이미 그런 사실을 다 알고 있다고 말하면서 수개월간 엄포를 놓았던 것이었다. 한마디로 있지도 않은 사실을 양쪽에 전하며 이간질시킨 것이었다.

'휴~~'

사장님과 긴밀한 대화를 나눈 종찬은 그제야 안도의 한숨을 내쉬었다. 대화 끝에 사장님과 오해도 풀게 되니 이제는 두 다리 뻗고 잘 수 있을 것 같았다. 모처럼 홀가분한 기분이었다. 종찬은 이 기분을 희정에게도 전해야 할 것 같아서 휴대전화를 꺼내 들었다. 오늘처럼 휴대전화에 손을 올리고 가볍게 터치를 한 적이 얼마만인가 싶었다.

'에잇, 다 된 밥인 줄 알았는데 이게 뭐람?'

김 부장은 휴게실에서 담배를 피우며 구시렁대고 있었다. 자신의 계획이 수포로 돌아가자 또 다시 궁리를 하는 중이었다.

이렇게 된 이상, 웬만해서는 매형이 자신에게 자리를 내주지 않을 것이라는 생각이 들었다. 오히려 더더욱 종찬을 신뢰하며 이제는 회사 안뿐 아니라 회사 밖에서도 종찬이 경영 후계자임을 대놓고 밝히지 않을까, 내심 걱정과 불안감이 밀려오기 시작했다. 어떻게든 다른 수를 써야겠다고 생각하는 김 부장이었다.

## 산이 부르네

"여보, 당신이 웬일이에요? 산에를 다 가자고 하고……."

사장님과의 오해가 풀리자 예전에 그랬던 것처럼 자상한 남편으로 돌아온 종찬은 모처럼 쉬는 토요일을 맞아 희정에게 등산을 제안했다.

"이렇게 좋은날이 또 언제 올까 싶어서 그러지.
명품 계절, 가을을 느끼기에는 등산이 딱 좋지 않겠어?"

오랜만에 종찬의 얼굴에서 밝은 빛을 본 희정은 서둘러 도시락을 싸서는 종찬과 함께 등산길에 올랐다. '이런 게 평화로움이구나' 싶은 날이었다.

산에서 내려올 때였다. 산 중턱에 위치한 사찰 앞에서 한 할머니가 오이를 팔고 있었다. 산에 오르는 사람들에게 '수분섭취에는 생수보다 오이가 제격'이라며 열심히 오이를 팔고 있었다. 그 모습을 보면서 곁을 지나가자 대뜸 할머니가 종찬을 불러 세웠다.

"이 보슈, 등산이란 말이야,
 올라갈 때 잘 올라가야 내려올 때도 잘 내려올 수 있는 거야.
 숨고르기를 잘하면서 오르내리란 말이야. 무리하면 반드시 탈이 난다고. 내 말 알아들어?"

"네! 할머니."

씩씩하게 대답하면서 내려오는 종찬은 왠지 알 것 같았다. 어쩌면 그 할머니가 하고 싶었던 말은 이게 아닐까 싶기도 했다.

'인생도 이와 다르지 않다.'


## 또 한 고비

김 부장의 꼼수가 마치 해프닝처럼 끝난 후 두어 달 정도는 평화로웠다. 김 부장도 별다른 잡음 없이 자기 일에 전념하는 것 같았다.

그러는 사이 사장님은 종찬을 데리고 다니면서 본격적으로 후계자임을 공표하려는 듯했다. 하지만 생각처럼 쉬운 일은 아닐 거라고 종찬은 생각했다. 어느 날 갑자기, 이 날을 기다려왔다는 듯이 김 부장이 제동을 걸어왔기 때문이다.

"어이 박본, 우리 매형이 싸고돈다고 해서 사장 자리에 금방 앉게 될 줄 아서?
착각하지 말라고. 그 자리, 반드시 내가 차지하고 말 테니까!"

어디서 나오는 자신감인지 김 부장은 큰 소리를 떵떵 치며 말했다. 한편 종찬은 생각했다. 이제는 자리를 지키기 위한 전쟁보다는 잘살기 위한 자리매김을 하는 전쟁이 더 낫겠다고.

간밤에 내린 비로 아침공기가 제법 싸늘했다. 출근시간까지 내리고 있는 이 비는 하루 종일 이어질 거라고 라디오에서 청아한 목소리의 기상캐스터가 알려주었다. 차 창밖을 내다보니 사람들의 옷차림도 그새 두꺼워진 것 같았다. 이 비가 그치고 나면 금방이라도 겨울이 올 것만 같았다. 을씨년스러운 날씨에 마음까지 추워지는 것 같다고 종찬은 생각했다.

"본부장님 나오셨어요?"

사무실에 도착하니 여직원이 인사를 건넸다. 그리고는 사장실 문 쪽을 가리키며 종찬에게 가보라고 손짓을 했다.

"나? 사장님 벌써 나오셨어?"

종찬이 어리둥절한 표정으로 물었다.
그러자 여직원은 약간 겁먹은 목소리로 대답했다.

"말도 마세요.
김 부장님이 어젯밤 여기서 밤을 새우신건지, 사장님 출근하시자마자 따라 들어가서는 지금까지 저렇게 고성이 오가고 있어요. 벌써 30분도 넘은 것 같아요. 박 본부장님께서도 들어가 보시는 게……."

그러고 보니 어젯밤 김 부장이 전화를 했던 게 생각났다. 샤워를 하고 방에 들어오니 부재중 전화가 찍혀 있었다.

'무슨 일이지? 전화해볼까?'

이런 생각을 잠시 하기도 했지만 김 부장 성격에 급하면 다시 전화할 것 같아서 종찬은 그냥 휴대전화를 내려놓았다.

'그러는 사이 무슨 일이 벌어진 걸까?'

종찬은 염려스러운 마음에 사장실 쪽으로 다가갔다.

똑똑……

노크를 하니 문 밖에 바로 서 있었는지 김 부장이 문을 열면서 나왔다. 문 앞에 종찬이 서 있자 기분 나쁘다는 듯이 위아래로 한 번 흘겨보고는 그 길로 사무실을 나가버렸다. 김 부장이 나가는 걸 보고나서야 종찬은 사장실로 들어갔다. 사장님은 소파에 앉아서 두 눈을 지그시 감고 있었다.
말을 걸까 말까 하다가 잠깐은 그대로 앉아 있기로 했다. 그러자 얼마 지나지 않아 사장님이 자리에서 일어나며 깊은 한숨 끝에 종찬에게 말했다.

"자네랑 나만 아는 분식회계 문제,
그걸 김 부장이 다 알아버렸네."

"네? 그걸 어떻게……."

사연인즉슨 이러했다. 재작년 증자 때 사장님이 재무적 지식이 짧은 나머지 단기간 돈을 빌려 납입한 후 돈을 인출한 일이 있었다. 일종의 가장납입을 했던 것이다. 당시, 회사를 키우는 과정에서 별 생각 없이 그냥 그렇게 하면 되겠다고 생각해서 넣은 것이었는데, 나중에 알고 보니 그게 가장납입인 것이었다. 또한 회사 돈을 사용처 없이 인출했기에 횡령, 이를 묵인한 이사는 배임, 그리고 이를 통해 금융 기관에 대출을 받았으니 사기 등등, 여러 가지 죄목들이 붙는 명백한 범법 행위였다. 결과적으로 이러한 것들이 어우러져 '분식회계'가 된 것이다. 시간이 가면 해결될 줄 알았던 사장님은 그러기도 전에 이런 약점을 김 부장에게 들켜버렸으니 오도 가도 못하는 상황에 놓여버린 것이었다.

종찬이 더 이상 무슨 말을 어떻게 이어가야 할지 몰라 주저하는 사이 사장님은 불쑥 이런 말을 꺼냈다.

"내 생각이 짧았네.

이렇게 될 줄 알았으면 자네를 전문경영자로 앉히는 문제에 대해서 내가 하루라도 빨리 서둘렀어야 하는 건데…….

자네를 보면 마치 오너와 같은 그런 마음을 갖고 있는 것 같아.

기본적으로 신뢰 수준도 높고, 기업의 경영성과를 향상시킬 자질과 능력도 그만하면 아주 충분하고 말이야.

이거, 이거, 아무리 생각해도 말이야, 내 생각이 정말 짧았어.

온정주의에서 협력주의 체제로의 전환을 진즉에 추진했어야 하는 건데…….”

사장님의 표정을 보아하니 종찬과 김 부장을 두고 경영권을 과연 어디에 넘겨야 할지 고민하는 모습이 역력해 보였다.

사실, 자녀가 되었든, 다른 가족이 되었든, 가족을 후계자로 세울 때에도 여러 가지 준비해야 할 사항들이 많지만, 비가족 전문경영인을 세우기 위해서도 필요한 요건들이 많다. 다시 말해 사장이 종찬을 경영인으로 세우려고 했다면, 머릿속에서만 은밀하게 생각하고 있을 게 아니라 미리부터 본격적인 투자 작업을 했어야 옳았다고 할 수 있다. 가령, 경영 전반에 관한 공부를 위한 수강료, 체제 경비 같은 것을 회사에서 마련해줘야 하는 건 기본이고, 어디까지 책임을 지고, 어디까지가 부여받은 권한인지에 대한 구분도 상세하게 서로 나누는 절차가 필요한 것이다.

그런데 이러한 것들이 하나도 구비되지 않은 상태에서 이런 사태가 벌어졌으니 사장으로서도, 종찬으로서도 난감하기는 마찬가지였다. 상황이 이렇다보니 종찬이 할 수 있는 게 아무것도 없었다. 한참을 고심하며 갈등하는 사장님에게 '나만이 회사를 잘 이끌어갈 수 있다'고 말할 수는 더더욱 없는 노릇이었다. 그런 생각을 하자 지난 25년의 세월이 파노라마처럼 종찬의 머릿속을 스치고 지나갔다.

종찬이 곰곰이 생각해보니, 그동안 회계감사 의무법인이 아닌 까닭에 회계사를 투입하여 자산을 구체적으로 실사한 적이 한 번도 없었다는 게 떠올랐다. 회계 감사를 받으려면 기본적으로 비용이 너무 많이 들어 감당하기가 어렵다는 막연한 생각 때문에 회계의 투명성을 검증 받는 기회로 활용하지 못하고 있었던 게 사실이었다.

이걸 생각해낸 종찬은 일단 사장에게 자산 실사를 건의하고 승낙을 얻어냈다. 그 결과, 며칠간의 실사작업은 원만히 진행됐고 그간의 회사 업력이 말해주듯이 회계적으로 장부보다 잉여 자산이 훨씬 많은 결과가 나왔다. 약 3개월간 야근까지 하며 끈질기게

씨름한 끝에 원재료 수불부터 재고자산 수불까지 제법 회계적인 체계 작업도 거쳤다. 뿐만 아니라 그동안 가공자산이라고 생각한 것들도 잉여 자산들을 정리하여 현실화하는 과정을 거쳤다. 이 모든 걸 직접 다 하고나니 그때야 비로소 종찬은 해묵은 체증이 한 번에 쑥 내려가는 희열을 느꼈다. 앞으로의 상황이 어떻게 펼쳐지든, 종찬은 지금까지 최선을 다했다는 그 마음 하나만 생각하기로 했다. 이렇게 생각하고 나니 마음이 훨씬 편안해졌다.


### 제3의 방법

"당신, 이번 주말에도 등산 가실 거예요?"

피곤한 몸을 이끌고 침대로 올라가는 종찬에게 희정이 물었다. 종찬은 눈을 감은 채 대답했다.

"아니, 등산이고 뭐고 다 귀찮아졌어.
　내가 발버둥 친다고 될 일도 아닌 것 같고, 전문경영인이고 뭐고 다 관두고 그냥 조용히 살고 싶어.
　나름 욕심 없이, 성실히, 열심히 살아왔다고 자부했는데, 그게 아니었나 봐."

희정은 뒷말을 흐린 채 눈을 꼭 감고 억지로 잠을 청하는 종찬의 손을 꼭 잡으며 말했다.

"여보, 사람의 방법은 A냐, B냐 둘뿐인 것 같지만,
하나님의 방법은 달라요.
제3의 방법, C가 있음을 기억하세요. 그걸 믿으세요!"

희정은 머리끝까지 이불을 끌어당긴 채 애써 잠을 청하려는 남편의 손을 다시 한 번 꼭 잡았다. 잡은 그 손등에서 그간 남편의 마음 고생한 세월이 느껴지자 희정의 마음도 먹먹해졌다. 하지만 이것이 끝이 아닐 거라고, 분명 종찬에게 새로운 날이 펼쳐질 거라고 희정은 확실히 믿고 또 믿었다.

제3장
# 탱고의 가르침
기업 컨설턴트 창수의 이야기

## 가족계획과 기업철학

컨설턴트인 창수는 오늘의 기업체 강의를 마무리하면서 주제에 따른 다음의 두 가지 예를 들기로 했다.

첫 번째 예는 바로 300년 동안 명가로 지내온 경주 최 부잣집의 얘기로, '수신제가치국평천하' 중 '제가'에 해당되는 '육훈'처럼 대대로 공유하는 철학이 없었다면 12대를 만석꾼 집안으로 그 명맥을 이어오지 못했을 것이며 오늘날 많은 사람들과 기업하는 사람들에게 존경 받는 부자의 길에 대한 지침을 주지 못했을 것이라는 점을 설명할 계획이었다.

다시 말해, 최 부잣집의 '육훈'처럼, 가족의 가치관이 기업경영 방식에 고스란히 나타난다는 걸 알려주고 싶은 마음에서 창수는 오늘도 또 이 설명을 반복 강조하려는 순간이었다. 창수는 목소리를 가다듬고 다시 말했다.

"그럼, 최 부잣집의 '육훈'에 대해 소개드리겠습니다.

들으시면서, 여러분 각 기업체의 밑바닥을 형성하고 이것과 견줄 수 있는 가족헌장, 가족사명서가 있는지도 한번 생각해보셨으면 좋겠습니다.

왜냐하면, 가족헌장과 가족사명서는 가족기업의 경영 전반에 의식적으로든, 무의식적으로든 나타나기 마련이고, 또 그 경영철학은 기업 전체의 경영활동에 영향을 끼치기 때문입니다.

그럼 일단, 준비해온 PPT 자료 화면부터 함께 보시죠!"

**최 부자 가문의 육훈(六訓)**

- 과거를 보되 진사 이상의 벼슬을 하지 말라
- 만 석 이상의 재산은 사회에 환원하라
- 흉년기에는 땅을 늘리지 말라
- 과객을 후하게 대접하라
- 주변 100리 안에 굶어 죽는 사람이 없게 하라
- 시집 온 며느리들은 3년간 무명옷을 입게 하라

창수가 보기에 첫 번째 자료화면을 바라보는 객석의 표정은 각양각색이었다. 눈으로 따라 읽어 내려가며 고개를 끄덕이는 이도 있었고, 너무 피곤한지 그 틈을 이용해 아예 눈을 붙이는 이도 있었다. 창수는 소리 내어 한 번씩 읽어주고는 부연설명을 시작했다.

"그러니까 지금 이 얘기는, 돈은 벌되 권력은 멀리하고, 가난한 삶에 대한 배려가 있어야 한다. 또한 장기적 안목에서 안정과 부의 극대화, 사방팔방에 최 부잣집의 후한 인심과 학덕을 알리며, 곳간을 헐고, 살림을 맡은 며느리에게 근검절약하는 습관을 몸에 배도록 하는데, 그러기 위해서는 남이 아닌 자기 자신에게 더욱 엄격한 잣대를 대라는 말입니다. 그렇죠?"

창수의 말에 모두들 고개를 끄덕이는 것으로 반응했다.

"두 번째 말씀드리고 싶은 것은 홍콩에 본사를 두고 120여 년을 이어오고 있는 기업으로서, 가족이 100% 지분을 소유하고 있는 회사에 대한 내용입니다.
　제가 간단히 설명을 드리면요,
　이 회사는 가족위원회를 만들어 가족 전원이 멤버로 참여하고 가족 간의 정을 나누고 가치관을 공유하고 있으며, 3개월마다 3박4일간 함께 골프를 치거나 스키를 타고, 티셔츠를 맞춰 입고 여행도 하면서 가족이 하나가 되는 가족활동 프로그램을 운영하고 있습니다.

가족위원회에서 만들어진 가족헌법은 모두가 지켜야 할 행동준칙인데 5대 구성원부터는 다른 기업이나 기관에서 3~5년 경험을 쌓아야 회사에 입사할 수 있고, 채용절차와 입사 후 고과는 비가족 종업원과 동일하게 한다고 가족헌법에 명시되어 있습니다.

특이한 것은 결혼을 늦게 하지 말 것, 이혼하지 말 것, 첩을 두지 말 것이라는 '약법삼장'이 있는데, 이 세 가지를 어기면 가족위원회의 멤버 자격을 박탈당한다고 하네요. 쉬운 것 같으면서도 결코 쉽지 않은 약속이지요?"

창수가 설명을 마치자 마지막 대목 때문인지 객석에서 웃음이 터져 나왔다. 창수는 끝으로 객석을 향해 질문을 던졌다.

"자, 어떠세요? 뭔가 마음에 와 닿는 게 있으세요?"

그러자 여러 CEO들이 웅성웅성 거리는 가운데 저쪽 끝에서 한 사람이 일어나서 질문을 했다.

"솔직히 난 잘 모르겠수다.

그동안 내 방식대로 잘 일구어왔는데, 이제 와서 새삼스럽게 가족계획이니 철학이니 뭐니 하는 게, 어쩐지 거추장스러운 것만 같은데…….

나를 좀 설득해 보슈!"

이런 식의 반응에 대해 창수는 충분히 예상하고 있었다. 그때마다 창수는 이런 저런 자료들을 소개하면서 가족계획이 무엇인지, 또 그게 왜 필요한지에 대해서 열심히 설명하고 또 설명해왔다.

예전보다 많이 나아졌다고는 하지만, 여전히 우리 가족이 왜 사업에 관여하는가를 분명히 하는 가족의 비전, 가족사명서에 대해 낯설어하는 이들이 많기 때문이었다. 첫술에 배부를 수 없다는 걸 안 창수는 그럼에도 점점 더 가족기업에 관심을 갖는 CEO들이 늘어나고 있다는 사실을 고무적으로 받아들이며 오늘의 강의를 마무리했다.

"대표님, 오늘 강의 잘 들었습니다."

저녁 9시가 조금 넘은 시각, 창수의 기업체 강의가 끝나자 30년이 넘게 페인트회사를 운영하고 있는 김 사장이 다가와 인사를 건넸다.

"아이고, 별 말씀을요.
부족한 강의 들어주셔서 저야말로 감사합니다."

창수는 밝게 웃으며 감사의 마음을 전했다. 먼저 인사를 건넨 김 사장은 창수의 컨설팅 회사에 두어 차례 연락을 해온 인물이었다. 하지만 미팅을 하려고 하면 번번이 약속을 취소해 창수의 직원들이 헛걸음을 하곤 했다. 그때마다 김 사장은 나름의 이유를 댔지만 창수와 회사 동료들은 그런 자세부터 콕 집어 지적했다. 그 페인트회사가 언젠가부터 주춤하고 있는 건 바로 시간약속을 소홀히 하는 김 사장의 마인드부터 잘못되었기 때문이라고 말이다.

그런 이유로 창수는 사실 김 사장이 아는 체를 해온 게 그다지 달갑지 않았다. 하지만 먼저 다가와 인사를 하는 데에는 분명 이유가 있을 거라고 생각했다. 아니나 다를까 김 사장이 입을 열었다.

"시간 있으면 잠깐 저 좀 보시죠. 상의하고 싶은 게 있는데……."

김 사장은 나지막한 목소리로 창수에게 말했다.

"저한테 상의할 게 있으시다고요?
 그럼, 말 나온 김에 오늘 저녁 시간 어떠세요?"

창수는 나중으로 미룰 것 없이 지금 바로 얘기하자고 말했다. 나중으로 시간약속을 잡아봤자, 어쩌면 또다시 취소가 될지도 모른다는 생각이 들었기 때문이다. 그 정도로 김 사장은 벌써 창수에게 신뢰를 잃은 셈이었다. 하지만 그렇다고 해서 완전히 무시할 것까지야 없는 노릇이었다.

"그럴까요? 그럼 저리로 자리를 옮기시지요."

김 사장은 동의의 표현으로 고개를 두어 번 끄덕이더니 먼저 한 걸음 앞서 나갔다. 이어서 창수도 그 곁을 따라 걸었다. 주변을 두리번거리며 식당을 찾아 걸어가던 김 사장은 갑자기 걸음을 멈추더니 뒷짐을 쥔 자세로 창수에게 말했다. 마치 넋두리를 하듯이.

"내 아들이 우리 회사에 와서 일한 지도 10년이 다 돼가는데, 솔직히 미덥지가 않아요.

대체 뭘 어떻게 교육시켜야 할지도 모르겠고…….”

하소연하듯이 말하는 김 사장의 얘기에 창수는 일단, 눈을 맞추며 가만히 들어주는 것으로 가볍게 반응했다. 당장에 창수의 대답을 기다렸던 건 아니라는 듯이 김 사장은 말을 이어갔다.

"이놈이, 내 사업을 물려받을 생각은 안 하고 자꾸 다른 생각만 하고 있으니 원……. 이 애비가 노심초사, 애지중지하면서 키워온 회사에나 신경 쓸 일이지 무슨 놈의 신규사업을 하겠다고 여기 기웃, 저기 기웃거리고 있는 꼴이라니…….”

김 사장은 깊은 한숨을 내쉬며 창수를 바라봤다.
그러더니 이내 보폭을 빨리해 식당 안으로 휙 들어갔다.

## 창수의 기업철학

창수는 M&A와 투자업무를 하다가 5년 전 강남에서 '컨설팅' 회사를 새롭게 시작했다. '가족기업' 경영모델을 개발하여, 가족이 회사의 지분을 소유하고 경영에 참여하고 있으며 다음 세대에게 승계를 계획하고 있는 회사를 컨설팅해주는 회사로서 업계에서 인정을 톡톡히 받고 있는 건 물론 차근차근 명성을 쌓아가고 있는 중이었다. 하지만 창수는 아직도 갈 길이 멀다고 생각하고 있었다. 원활한 승계, 세대를 뛰어 넘는 장수기업, 지역사회에서의 사회적 책임 등 우리나라에서 '가족기업'에 관한 인식이 제대로 제고되려면 말이다.

그러기 위해서 지난 몇 년간 발품을 팔아가면서 여러 중소, 중견기업을 지원하고 연구한 결과 지금의 컨설팅 회사를 세우게 되었고, 이만큼 성장시켰다.

> 정직하게 사업하는 CEO를 세워주는 일!
> 모든 건 FM대로 한다!
>
> — 컨설턴트 창수생각

창수의 컨설팅 회사에서 같이 일하는 컨설턴트들이 창수가 있는 대표실에 들어설 때마다 보게 되는 문구이다. 그렇다. 이것은 바로 창수가 회사를 이끌어가는 모토, 바로 이 기업의 존재 이유인 셈이다.

'정직'을 업무의 기본모토로 하고 있는 창수와 창수의 동료 컨설턴트들은 컨설팅을 의뢰해오는 기업들을 만날 때마다 투명성을 가장 먼저 살펴봤다. 갈수록 서로가 서로를 믿지 못하고 불신과 의혹이 넘쳐나는 세상에서 '정직'만큼 기본이 되고, 최선이 되는 덕목도 없었기 때문이다. 때론 모르고 저지르는 것들, 혹은 알고도 제대로 실행하지 않는 것들을 탈피하기 위해서는 '정직'만한 키워드가 없다고 생각하는 창수였다.

## 손을 맞잡기까지

"정 대표는 갈수록 젊어지는 것 같아요! 비결이 뭐예요?"

음식 주문을 마친 김 사장이 창수를 보며 이렇게 칭찬했다. 물론, 인사치레라는 것쯤은 창수도 잘 알고 있었다. 하지만 본격적인 대화를 하기에 앞서 이런 약간의 칭찬이 있는 대화는 둘 사이의 분위기를 적당히 풀어주기 때문에 굳이 나쁘다고 생각하지는 않는다.

"많은 업체들이 컨설팅을 의뢰해오고, 저희 회사의 컨설팅을 수용한 결과 그 기업들이 쑥쑥 성장하는 걸 보면 얼굴에 웃음꽃이 피지 않겠어요?

그런 제 모습을 사장님께서 젊게 봐주신 게 아닌가 싶은데요?"

창수는 예를 다해 차분하게 대답했다.

"역시 소문대로 시원시원하게 말씀하시는구려, 껄껄……."

김 사장은 나름 호탕하게 웃으면서 창수를 바라봤다.
그리고는 주문한 음식이 나오기 전에 비밀스런 얘기를 모두 쏟아 내야 하는 사람처럼 테이블 가까이로 몸을 바짝 옮기더니 창수에게 말했다.

"그동안 정 대표 회사로 두어 번 자문을 구했는데 말이죠,
우리 페인트회사, 제대로 손 좀 봐주쇼, 정 대표가."

김 사장은 이렇게 말하더니 마치 큰 결의를 다진 사람처럼 테이블 위에 놓인 물을 벌컥 들이마셨다. 그동안 그렇게 시간을 끌더니 이제야 마음의 결정을 한 것 같아 창수도 속이 다 시원해지는 느낌이었다.

"김 사장님! 그렇게 하겠습니다.

그러려면 앞으로 우리 컨설턴트가 몇 차례 회사에 방문도 해야 하고 또 사장님과 여러 번 미팅도 해야 할 텐데, 기본적으로 시간 약속부터 지켜주시기 바랍니다.

이 일에 최우선 순위를 두고 약속시간을 지켜줄 수 있으시죠?"

창수는 아예 이 자리에서 시간엄수에 대해 쐐기를 박아버렸다. 요즘처럼 시간이 돈인 세상에서 이런 건 그야말로 기본이기 때문이었다.

창수의 말이 조금 언짢은 듯했지만 이내 김 사장은 알았다는 뜻으로 눈을 지그시 감은 채 고개를 끄덕였다. 곧이어 주문한 음식이 나오자 김 사장은 감은 눈을 뜨더니 어색한 분위기를 바꿔보려는 듯 막 나온 음식의 재료가 어떻다느니, 원산지는 어디라느니 등 음식 얘기로 화제를 돌려버렸다.


### 주먹구구식은 NO!

창수는 사람을 만나는 게 일이다. 그것도 각 회사의 대표들을 만나는 게 일이다. 그러다보니 각 CEO들을 통해 배우는 점도 참 많았다. 하지만,

'어쩌면 세상에 이렇게 답답한 양반들이 있을까?'

안타까울 때도 참 많았다.
 특히 주먹구구식의 경영방식으로 기업을 이끌어온 사장들을 볼 때마다,

'언제까지 저런 방식이 먹힌다고 생각할까?'

싶은 마음에 괜스레 걱정이 앞서곤 했다.
 물론 그들의 시기에는 그 방법이 옳았는지도 모른다. 밤낮으로 일한 끝에 결국 무에서 유를 창조해온 그들이기 때문이다. 하지만 이제는 시대가 많이 변했다. 단순히 무에서 유를 창조하는 게 아니라, 유에서 또 다른 유를 어떻게 창의적으로 발전시켜야 할까를 고민해야 하는 것! 그 고민에서 결코 자유로울 수 없는 질풍노도의 시기가 바로 지금인 것이다. 그래서 창수는 이런 컨설팅 회사를 만들어 그들을 조금이나마 도와주고 있는 건지도 몰랐다. 글쎄, 도움이라고 하면 오해의 소지가 있을 수도 있겠다. 쉽게 말해 방향제시, 전략제시, 미래설계 등이 창수의 컨설팅 회사가 하는 역할이라고 하는 게 더 적절할 것 같다.

　창수는 오전 업무를 마치고 조금 늦은 점심을 먹었다. 그리고는 며칠째 벼르고 벼르던 사우나행을 택했다. 과도한 업무 때문에 몸에서 사인을 보내는데도 며칠째 모른 척하고 있었다. 오늘까지 참으면 각 신체들이 시위라도 할 것만 같았다. 그래서 오후 업무를 조금 미루고 이따금씩 찾는 회사 앞 사우나로 향했다. 그러고 보니 장마철도 아닌데 하늘이 잔뜩 흐려 있었다.

　'이래서 더 온 몸이 찌뿌둥한 거였나?'

　창수는 혼잣말을 하며 하늘을 올려다봤다. 금방이라도 비가 쏟아질 기세였다. 창수는 걸음을 재촉했다.

　'뜨거운 물에 몸을 푹 담그고 나면 개운해지겠지?'

　창수는 중얼거리며 사우나 문을 열고 들어갔다.
　평일 오후인데도 사람들이 상당히 많은 모습에 창수는 적잖이 놀라고 말았다. 주위를 둘러보니 하나같이 중년의 아저씨들이었다. 젊은 사람은 좀처럼 보기가 힘들었다. 하긴 이 시간에 젊은이

들이 여기에 있다면 그게 더 이상할지도 모른다. 창수처럼 사장으로 보이는 이들도 있었고, 상사의 눈을 피해 잠시 농땡이를 피우러 나온 듯한 남자들도 있었다. 그런가 하면 근심 한 자락, 걱정한 자락을 싸안고 물속에 몸을 담그듯, 세상의 모든 시름을 다 잊고 싶어 하는 듯한 모습의 남자들도 눈에 띄었다.

같은 공간에 있지만 서로 다른 무게를 지니고 있는 사람들을 보니 창수는 마음 한편이 쓸쓸해졌다. 여기서 조금만 더 그런 생각을 하면 금방이라도 감상적이 될 것만 같아 창수는 한증탕 안으로 땀을 빼러 재빨리 들어가 버렸다.

## 존재와 역할

"김 사장님! 오늘 뵙기로 한 약속, 확인전화 드렸습니다.
한 시간 후에 사무실로 찾아뵙겠습니다."

창수의 회사 컨설턴트 박 수석의 전화였다.
박 수석은 창수의 설명대로 얼마 전 의뢰를 받은 페인트회사 김 사장을 미팅하러 갈 참이었다. 번번이 약속을 지키지 않아 애를 태우더니 오늘은 하루 종일 자리에 있겠노라며 언제든지 오라는 것이었다.

　박 수석은 전화를 끊고 나갈 준비를 했다. 가까이에 있는 회사지만 지금쯤 나가야 시간에 맞출 수 있을 것 같았다. 강남이라는 동네가 러시아워가 아닌 시간에도 툭하면 자주 막히는 동네니 한 시간 전에 서두르는 건 꼭 필요한 일이었다. 브리핑할 서류를 체크한 뒤 박 수석은 운전대를 잡았다.

　'역시, 내 예상은 빗나가질 않는군.'

　회사 주차장에서 빠져 나온 지 50미터도 안 됐는데 도로는 꽉 막혀 있었다. 이제 오후 네 시를 지났을 뿐이었는데 말이다. 그래도 서둘러 나왔으니 늦지는 않을 거라고 생각하고는 박 수석은 앞차를 따라 부지런히 달려갔다. 그때 다른 업체와 미팅이 있어서 나간 손 선임한테서 전화가 왔다.

　"박 수석님! 오늘 미팅 후에 사무실에 들어오실 거예요?"

　박 수석이 전화를 받자마자 손 선임은 대뜸 물었다.

　"아니, 왜?

미팅이 길어지면 바로 퇴근할지도 모르겠는데,
손 선임 무슨 일 있어?"

박 수석이 묻자 손 선임은 답답한 듯이 한숨을 내쉬며 말했다.

"시간 되면 저랑 얘기 좀 하시자고요.
아, 진짜 답답해서 미치겠습니다."

"오늘 나간 미팅업체가 전기회사였지?
왜, 갔던 일이 잘 안 됐어?"

"말도 마세요. 휴~.
지금 얘기하면 더 기운 없을 것 같으니까,
이따 일 다 보시면 연락주세요."

"하하……, 그 정도였어?
일단 무슨 얘긴지 알았으니까 이따 통화하자고!
참, 대표님께 미팅상황 보고부터 하라고.
사무실에서 자네 연락 기다리시는 것 같았거든?"

박 수석은 손 선임과의 전화통화를 끝낸 후 상상해봤다.

'지금 가고 있는 김 사장의 페인트회사 분위기는 어떨까?'

몇 차례 통화해본 김 사장의 말투에서 느껴지는 분위기라면 그다지 유쾌한 분위기일 것 같지는 않았다. 왠지 경직된 직원들 모습에 대부분의 갑-을 관계가 그렇듯이 위축된 분위기가 사무실 곳곳에서 느껴지지 않을까 생각했다. 하지만 금방 또 이런 생각도 들었다.

'그런 분위기를 바꿔주는 게 바로 내 몫이 아닌가?'

물론 회사 분위기가 하루아침에 달라지는 것도 아니고, 컨설턴트가 나선다고 될 일도 아니지만, 박 수석이 중요하게 생각하는 것은 하나였다. 사장이 그 회사를 이끌어가는 기업철학이 있고, 그것이 제대로 정립된 원칙이라면 그 회사의 분위기와 성장, 수명은 얼마든지 달라질 수 있다는 것 말이다.

## 가족기업의 철학이란

- 가족과 기업의 경계를 구별하고 이해하고 있으십니까?
- 가족의 비전이 명확하게 수립되어 있다고 생각하시나요?
- 가족의 가치관은 무엇이며 어떤 형태로 나타나고 있나요?
- 흔히들 한국사회에서는 기업에 관여하고 있는 가족이 만나면 고스톱이나 술 문화로 모든 것을 해결하는데 가족구성원을 위한 활동 프로그램이 운영되고 있나요?

박 수석은 김 사장을 만나 이런 저런 얘기 끝에 마지막으로 이와 같은 추가 질문을 했다. 예상대로 김 사장의 대답은 모두 '노(No)'였다!

"김 사장님! 오늘 미팅은 이 정도로 하겠습니다.
장시간 설명해주신 내용들과 회사 둘러본 소감을 토대로
제가 진단보고서를 작성하여 다시 찾아뵙겠습니다."

박 수석의 말에 김 사장은 자리에서 벌떡 일어나 악수를 청하며 말했다.

"나도 오늘 박 수석 얘기 듣고 느낀 게 많구려.
박 수석은 박 수석대로 솔루션을 짜보고,
나도 우리 회사에 대해 다시 한 번 생각해보겠소.
사실, 오늘 박 수석한테 모든 걸 다 말한 것도 아니고…….”

김 사장이 말끝을 흐리며 말했다. 하지만 뒷말이 궁금하다고 해서 바로 물어볼 수는 없었다. 그 정도 눈치는 충분히 차고 넘치는 박 수석이었다.
어쩌면 컨설턴트와의 단 한 번의 미팅에서 자기 회사에 관한 모든 걸 다 말한다는 게 오히려 더 이상하다고 생각한 박 수석은 김 사장과 악수를 하며 차에 올라탔다. 다음 미팅을 기약하며.
예상보다 미팅시간이 길어진 탓에 저녁도 거르게 된 박 수석은 마침 잘 됐다는 듯이 손 선임에게 전화를 걸었다.

"난데, 아직 퇴근 전이지, 어디야?"

박 수석이 묻자 손 선임은 기다렸다는 듯이 대답했다.

"박 수석님이 연락주실 줄 알고 자리 잡아놨습니다.
이쪽으로 오십시오!”

손 선임이 말한 곳은 회사 근처 중식당이었다.

근사한 중식당임에는 분명하지만 박 수석과 손 선임은 이곳에서 코스요리를 먹어본 적이 별로 없었다. 사실 따지고 보면 바쁜 업무로 인해 같이 밥을 먹는 날도 그렇게 많지는 않았다. 전화를 끊고 박 수석은 생각했다.

'오늘은 손 선임과 함께 코스요리를 먹어볼까?'

그러자 손 선임의 입가에 미소가 번지는 게 상상이 됐다. 덩달아 기분이 좋아진 박 수석은 속도를 내서 약속장소로 달려갔다.


탱고, 가라사대

탱고를 추는 것을 두려워할 필요는 없소.
인생과 달리 탱고에는 실수가 없으니까.
설령 실수를 한다 해도 그대로 추면 돼요.
스텝이 엉키면 그게 바로 탱고지요.

창수는 알 파치노 주연의 영화 <여인의 향기>에 나오는 이 대사를 떠올렸다. 사실 창수는 얼마 전부터 시간을 내서 '탱고'를 배우고 있었다. 이 영화를 보고 나서부터였다. 탱고라는 춤의 매력도 매력이었지만 바로 알 파치노의 이 대사에 크게 감동을 받았기 때문이다. 우물쭈물하다가는 이 마음도, 이 열정도, 그새 회사 업무에 밀려 식어버릴 것만 같아 창수는 바로 탱고학원을 찾았다. 그리고 그 자리에서 1년 치 과정을 한꺼번에 등록해버렸다. 탱고의 'ㅌ'도 모른 채 그렇게 창수는 탱고레슨 기초반의 회원이 됐다.

"자, 자, 거기 정 사장님!
다시 한 번 스텝 밟아볼게요."

왼발 뒤로 빽, 오른발 뒤로 빽, 왼발 앞으로 전진······.

"다시 한 번이요."

왼발 뒤로 빽, 오른발 뒤로 빽, 왼발 앞으로 전진······.

"이번에는 잘 하셨어요.
아, 지금처럼 하시면 좋을 텐데, 요즘 많이 바쁘신가 봐요?
연습도 자주 빠지시고······."

강사는 창수를 지목해 말했다.

그도 그럴 것이 바쁜 업무 때문에 일주일에 한 번인 레슨을 자주 빠졌다. 생각해보니 창수와 같은 날짜에 시작한 회원들은 벌써 상위 클래스로 옮겨가 저만치 진도를 나가고 있었다. 물론 댄서가 될 것도 아니고 그저 취미생활에 불과한 춤이었지만 창수는 여기서 더 소홀히 하는 건 안하는 것보다 못하다는 생각이 들었다. 그래서 강사에게 말했다.

"강사님! 앞으로는 수업 안 빠지고 잘 나올 테니까,
 계속해서 친절한 지도편달, 부탁드립니다."

창수의 너스레에 젊은 강사는 까르르 웃어보였다.
그리고는 잠시 개인연습에 한창이었던 회원들을 불러서 다시 스텝을 밟게 했다.

"자, 여러분, 다시 한 번 스텝 밟아보겠습니다.
 파트너와 양손 잘 잡으시고요."

왼발 뒤로 빽, 오른발 뒤로 빽, 왼발 앞으로 전진…….

창수는 천천히 스텝을 밟다가 생각했다.

'이거, 와이프한테도 배우라고 할까?
 나중에 둘이 함께 춤추면 근사할 것 같은데,
 부부동반 모임에서 자랑도 좀 하고…….'

그때였다. 창수의 스텝이 엉키면서 파트너까지 죄다 엉키고 말았다. 그러자 강사가 목소리 톤을 약간 높여 나무라듯 말했다.

"정 사장님! 자꾸 딴 생각 하실 거예요?
 집중!!! 제발, 집중 좀 해주세요. 네?"

"죄송합니다! 집중할께요~"

창수는 미안한 마음에 회원들을 빙 둘러보며 모두에게 목례도 하고 눈짓도 하며 사과의 마음을 표했다.

'마음은 원이로되 육신이 약하도다.'

지금, 자신의 상태를 그 무엇보다 잘 나타내준 이 성경구절이 떠오른 창수는 오늘은 더는 안 되겠는지 잠시 회원들이 쉬는 틈을 타 아예 옷을 갈아입으러 탈의실로 갔다. 하지만 기분은 좋았다. 실수하면 실수하는 대로, 진도가 처지면 처지는 대로, 이 시간만큼은 그 어떤 방해도 없이 그냥 느끼고, 누리면서 시간을 보낼 수 있기 때문이다. 이런 자유시간은 창수처럼 많은 사람을 상대하고 그 사람들을 위해, 아니 그들이 운영하는 회사를 위해 체계적이고 정확한 솔루션을 제공해줘야 하는 컨설턴트들에게는 꼭 필요한 일이라고 생각했다. 이 시간을 통해 다시금 새롭게 일 할 수 있는 에너지를 얻는다고 여긴 창수였다.

## 사자성어로 접근하다

박 수석과 손 선임은 식사를 하면서 각자 다녀온 업체의 미팅에 대해서 얘기하고 있었다. 먼저 말문을 연 건 손 선임이었다.

"박 수석님! 수석님도 이런 업체 만난 적 있었어요?"

손 선임의 질문에 박 수석은 껄껄 웃으며 대꾸했다.

"대체 그 회사가 어땠기에 아까부터 거품 물고 그래?"

손 선임은 아까의 오싹한 기분이 되살아난다는 듯한 표정을 짓더니 이내 말을 이어갔다.

"햐~ 말도 마세요. 사무실 분위기 한번 엄청 살벌하대요.
아니, 제가 회사 분위기를 파악해야 할 것 같아서 사무실 여기저기를 둘러보는데, 어쩜, 직원들 그 누구도 자리에서 일어서서 인사하는 사람이 없어요.
제가 뭐, 인사를 못 받아서가 아니라, 모두들 고개는 푹 숙이고 있는데, 그 모습이 일을 하고 있다기보다는 그냥 경직된 자세 있잖아요.
그런 게 마구 느껴졌다니까요! 말하지 않아도 어떤 분위기인지 딱 감이 오는데, 그나마 움직임이 좀 있던 곳은 별관 쪽에 있는 공장이더라고요.
그쪽은 워낙 작업현장이니까 그런 걸 테고, 아무튼 이런 분위기의 회사에 대해 어떻게 생각하세요?"

손 선임은 랩을 하듯이 거친 숨을 몰아쉬며 말을 이어갔다.
가만히 듣고 있던 박 수석은 직속선배이자 업계선배로서 뭐라도 한마디 해줘야 면이 설 것 같았다. 그래서 이런 질문을 던졌다.

"손 선임! 지금 머릿속에 떠오르는 사자성어 있거든 하나만 말해보게나."

"사자성어요? 뜬금없이 웬 사자성어요?"

"일단 말해보라니까."

"음…… 그럼, '전화위복'?"

"좋았어. 그럼 두 번째로 떠오르는 사자성어는?"

박 수석은 무얼 하는 건지 일러주지도 않은 채 같은 질문을 이어갔다. 손 선임은 고개를 갸우뚱 갸우뚱 하더니 자기가 생각해도 좀 어처구니가 없는지 마구 웃으면서 이렇게 말했다.

"두 번째 떠오른 사자성어는요, '이판사판'이요."

이쯤 되자 박 수석은 테이블 위에 놓여 있는 냅킨으로 입가를 쓰윽, 닦으며 손 선임에게 말했다.

"내가 말이야, 어떤 책에서 본 건데,
 누군가한테 무심코 떠오르는 사자성어를 말해보라고 했을 때,
 평소 그 사람 머릿속에 들어 있는 생각들이 고스란히 나온다는 거야. 쉽게 말해서 첫 번째로 떠올리는 건 그 사람의 인생관이라고 할 수 있고, 두 번째는……, 두 번째는 조금 있다가!
 가만, 자네가 첫 번째로 떠올린 게 뭐였지? 그게 자네의 무의식을 대변해주는 인생관이라는 건데……."

그 말에 손 선임은 뭔가 싱겁다는 듯이 손사래를 치며 말했다.

"뭐라고요? 전화위복이 저의 인생관이라고요?
 뭐, 나쁘지는 않지만……, 그래도 에잇, 인생관을 말하는 건줄 알았으면 다른 걸로 했을 거 같아요.
 무효예요, 무효! 다시 해요."

"다시 하긴 뭘 다시 해? 봐, 자네가 은연중에 그러니까 무의식 중에 전화위복이라고 한 건, 어쩌면 방금 전까지 한 말과 연관이 있을 수도 있어."

손 선임은 이해되지 않는다는 표정으로 박 수석을 바라봤다. 그러자 박 수석은 그런 손 선임이 귀엽다는 듯 웃어 보이며 나름 진지하게 말했다.

"무슨 말인지 모르겠지?
쉽게 얘기하자면, 자네가 방금까지 미팅 다녀온 회사의 경직된 분위기에 대해 토로했지?
그렇다면, 앞으로 어쩔 텐가?
자네가 하는 일이 컨설팅인데, 그렇게 경직된 회사를 부드럽게 바꾸는 것! 뭔가, 모토가 있고, 철학이 있는 회사로 바꾸는 게 자네가 해야 할 일 아니겠어?
만약 그런 게 아니고, 아주 멀쩡하게 잘 나가는 회사라면, 굳이 그 회사를 방문해서 미팅하고 둘러볼 이유도 없었을 테고, 그럼 자네의 존재감이나 역할도 그만큼 덜 발휘되는 거 아니겠나?
물론 100% 딱 맞아떨어지는 얘기는 아니지만, 손 선임이 지금 고생하며 미팅을 다녀온 업체가 결국, 자네의 능력을 반드시 원하는 회사가 될 테니, 이게 바로 복을 가져다주는 좋은 기회가 아니고 뭐겠나?"

"아하~ 듣고 보니 그렇군요."

손 선임은 새삼스레 깨달은 진리 앞에서 연신 싱글벙글이었다. 그리고는 뒤늦게 생각났다는 듯이 물었다.

"그건 그렇고, 두 번째로 물어본 사자성어는 뭐예요?
 첫 번째가 인생관이었으면, 음……."

박 수석은 시간을 끌지 않고 바로 대답해줬다.

"그건 말이야, 자네의 사랑관이야! 하하하"

손 선임은 눈이 휘둥그레져서 반응했다.

"사랑관이라고요?
 그러니까 이판사판이 저의 사랑관이라고요?
 말도 안 돼요, 수석님 나빠요~"

두 사람은 식당이 떠나가라 큰소리로 웃었다. 이렇게 박 수석과 손 선임은 모처럼 편안하게 식사를 하고 대화를 나누면서 그간의 피로를 풀었다. 일은 많아 고된 하루였지만 두 사람 다 한결 가벼운 마음으로 집에 돌아가는 걸 감사히 여긴 밤이었다.

그들만의 리그

창수는 동료들을 대할 때나 외부에서 사람들을 만날 때, 혹은 기업체에 강연을 나갔을 때 종종 하는 질문이 있었다. 그건 바로 좌우명을 묻는 것이었다.

좌우명대로 실천을 하면서 사느냐, 아니냐는 다음 문제로 차치하고서라도 그전에 일단 매 순간 떠올릴 수 있는 인생의 모토, 가치관의 정립, 즉 이러한 것들을 한마디로 말할 수 있는 좌우명이 있느냐 없느냐에 따라 사람은 확실히 행동거지가 달라진다고 확신하고 있었기 때문이다.

'생각이 행동을 낳고, 행동이 습관을 낳고,
  습관이 인생을 좌우한다.'

즉, 생각이 가치를 낳는다고 했을 때, 과연 생각 없이 사는 것과 생각하며 사는 것은 분명 하늘과 땅 차이의 결과를 가져옴을 부인할 수 없기 때문이었다. 그리고 이런 생각은 '가족기업 컨설팅'이라는 일을 하면서 더욱 절실히 느꼈다. 바라건대 가족기업을 이끌어가는 대표들이 머릿속에만 있는 그 가치들을 제대로 정립하고, 밖으로 끄집어 내보일 수 있다면 분명 그 기업은 지금보다는 한 단계 더 성장할 것이라는 게 창수의 생각이었다. 아니 그렇게 되고야 만다고 확신하는 바였다.

다시 말해 미래에 대한 가족의 통찰력을 제공하는 것으로, 그것을 두고 바로 '가족계획'이라고 할 수 있는데, 이 땅의 많은 중·소 가족기업들 대부분이 '가족계획'이 되어 있지 않다는 사실에 대해서 창수는 상당히 안타까워하고 있었다. 그래서 이제라도 창수를 만나게 되는 기업만큼은 이 부분에 대해서 제대로 짚어주리라, 결심하고 있었다.

창수가 이렇게 '가족계획'을 강조하고 가헌이나 가족사명서를 한 줄 카피로 떠서 액자화하는 등, 중요하게 생각하는 이유는 경험에서 얻은 것도 있지만 이미 여러 연구사례들을 살펴봐도 충분히 알 수 있는 대목이었기 때문이다.

우리나라와 가까운 이웃인 일본이 오랜 장수기업을 많이 보유하고 있는 면면에는 단순하지만 기업 안에 가족의 비전과 가치관이 철저히 녹아 있어 물질적인 '업' 자체만이 아닌 그 '정신'을 철저히 이어온 책임부분이 작용하고 있다는 것을 부인할 수 없다. 바로 이런 이유로, 이 부분에 대해 중요성을 깨닫지 못한다거나 의구심을 갖는 사람들에게 창수가 누누이 강조하는 말이 또 하나 있었다.

꿈꾸는 것들을 글로 적으면 이루어진다.

- 꿈을 기록한 3%의 예일대 학생들

1953년, 미국의 예일 대학교에서 졸업생들을 대상으로 조사가 진행됐다. 그것은 다름 아닌 자신의 꿈을 적은 노트가 있는지 여부였다.

조사결과, 27%의 학생들은 자신이 무엇을 꿈꾸고 있는지에 대한 대답도 하지 못했고, 60%의 학생은 그저 삶에 대한 목표가 있다고 대답했으며, 10%의 학생은 꿈을 생각으로 그리고 있다고 대답했다. 단 3퍼센트의 학생들만이 꿈을 적은 노트가 있다고 대답했다.

20년 후, 당시의 졸업생들을 다시 만나 그들이 어떤 모습으로 살고 있는지 조사한 결과, 60%는 그저 평범하게 살아가고 있었고, 27%의 삶에 대한 목표도 없었던 학생들은 주위 사람들의 도움으로 연명해가는 삶을 살고 있었다. 생각으로 꿈을 그리던 10%의 학생들은 여유를 가지고 자신의 삶을 즐기는 사람들이 되어 있었고 3%의 학생들은 각계각층에서 높은 지위에 올라 사회를 움직이는 리더의 역할을 하고 있었다.

더 놀라운 것은, 꿈을 노트에 적은 3%의 학생들이 가진 재산은 나머지 97%의 재산을 합친 것보다 많았다고 한다. 비단 재산의 문제만이 아니라, 행복도에 있어서도 만족한 삶을 살고 있었다고 한다.

젊은이들을 향한 도전의 메시지라고만 하기에는 기성세대들에게도 울림이 큰 얘기라고 창수는 생각했다. 그래서 종종 이 얘기를 인용하며 기업체 대표들에게 말하고 있었다.

"미래를 꿈꾸고 역동적으로 기업과 가족 내의 커뮤니케이션을 하기 위해서는 '적자생존' 하십시오! 그대로 이뤄질 것입니다."


### 그대에게 말하노니

창수가 직원들과 함께 아침 미팅을 마치고 사장실로 들어서는데 요란하게 휴대전화 벨소리가 울렸다. 발신자 번호를 보니 김 사장이었다.

"네, 사장님! 아침부터 어쩐 일이세요?"

수화기 너머 김 사장의 목소리는 무슨 기분 좋은 일이라도 있는지 굉장히 호탕한 분위기였다.

"지난번에 우리 회사에 박 수석이 다녀갔는데 말이죠, 내가 확실하게 마음을 정했다고 전해줘요.
그러니까 내 말은……, 아, 그러니까…….."

창수는 조금 답답했지만 보채지 않았다. 어떤 대답이 나올지 이미 예상했기 때문이다.

"박 수석이 얘기한 것들, 그동안 냉정하게 생각하고 고민했으니까, 이제 시간도 절약할 겸 정 대표 회사의 클라이언트로 나를 당당히 받아주이소!"

김 사장은 말끝을 사투리로 마무리하면서 센스 있게 전화를 끊었다. 창수는 이전에 박 수석에게 상황 보고를 들어서 알고 있었다, 김 사장이 고민하고 있는 게 무엇인지.

김 사장은 지금까지 자기가 해온 운영방식이 바르다고 생각하고 밀어붙였는데, 언젠가부터 그 방식이 통하지 않는다는 걸 느꼈다고 했다. 그럼에도 자존심 때문에, '내가 그래도 지금까지 해온 게 있는데' 하는 생각 때문에 이 시대가 요구하는 것들과 타협하고 싶지 않았던 것이다. 바로 그때 박 수석의 한마디가 김 사장의 허를 찔렀다.

"김 사장님!

이제 그만, '그들만의 리그'에서 벗어나야 하지 않겠어요?"

## 다시 한 번 더

사람이 한 번 마음을 열기가 어려워서 그렇지, 일단 열고나면 그 관계가 놀랍도록 수월하게 풀린다는 것을 창수는 컨설팅 일을 하면서 더더욱 명확하게 알게 되었다. 그러기 위해서는 정직과 신뢰를 쌓는 게 기본이었고, 그 기본이 다져지면 그 다음 단계로의 접근은 이전보다 더 쉽다는 것을 경험을 통해서 깨닫고 있었다. 그런 이유로 창수는 오늘도 자신의 인생 모토를 되뇌며 하루의 업무를 시작했다.

> 정직하게 사업하는 CEO를 세워주는 일!
> 모든 건 FM대로 한다!
> — 컨설턴트 창수생각

바쁘게 뛰어나가는 손 선임을 부른 건 박 수석이었다.

"손 선임! 어딜 그렇게 급히 가?"

"네, 박 수석님! 말도 마세요.
그 분위기 냉랭한 전기회사 있죠? 지난번에 다녀온.
거기 사장님이 호출을 하셨네요."

말은 그렇게 하면서도 손 선임의 얼굴에는 화색이 돌고 있었다.

"왜, 클라이언트가 돼주시겠대?"

"빙고!"

손 선임은 말을 끊고 싶지 않았지만 엘리베이터 문이 열리자 날렵하게 몸을 옮겼다. 그 와중에도 점점 닫히는 문 사이로 V자를 그리며 박 수석을 향해 웃어보였다. 몇 달간의 미팅과 조율 끝에 성사된 계약이니 그럴 만도 했다.

생각해보니 박 수석과 파트너로 함께 다니다가 혼자 독립해서 다닌 지 6개월 만에 이뤄낸 성과였다. 그때서야 박 수석은 손 선임이 그렇게나 기뻐한 것에 몇 배 더 오버해서 기뻐해주지 못한 것이 살짝 미안해졌다.

창수는 저마다의 위치에서 밤낮없이 열심히 일해 주는 동료들이 참 고마웠다. '인생은 속도가 아니라 방향이다'라는 말도 있듯이, 창수는 같은 방향을 향해 함께 걷고, 때로는 비도 맞아가며 같은 길을 가주는 동료들이 있어서 참 든든하다고 새삼 느꼈다.

### 위기 때 발휘되는 철학

"자, 탱고는 뭐라고 그랬죠?
상대의 리드에 몸을 맡겨야 한다고 그랬죠?
서로의 눈을 응시하면서, 다시 한 번 스텝, 갑시다!"

창수는 탱고를 통해서도 또 하나 배우고 있었다. 남자와 여자의 관계, 부부의 관계, 부모와 자식의 관계, 그리고 컨설턴트와 클라이언트의 관계 등, 모든 관계들이 지속적인 관계로 거듭나려면 서로 믿고, 맡기고, 따라가 주는 게 필요하다는 것을, 그러기 위해서는 믿고 따라갈 만한 나름의 철학이 있어야 한다는 것을…….

그런 마음, 그런 각오로 창수는 다시금 이 회사를 한 단계 더 성장시켜보리라 다짐하며 천천히 스텝을 밟아나갔다.

제4장

# 진정한 유산

종합자산관리사로 살고 있는 태영의 이야기

## 다시 아침이 밝아오고

"좋은 아침!"

태영은 회사에 들어서면서 이미 와 있는 동료를 향해 밝게 인사를 건넸다.

종합자산관리사인 태영의 일과는 남들보다 두세 시간 정도 일찍 시작된다. 가능하면 밤 열 시나 열한 시 쯤 잠자리에 들어 새벽 네 시에 기상을 하고 다섯 시면 회사에 도착한다. 회사에 도착하자마자 태영이 가장 먼저 하는 일은 회사 지하에 있는 스포츠센터에서 간단하게 운동을 하는 것이다. 그런 다음 가볍게 아침식사를 한다. 아침식사라고는 하지만 샐러드와 스프가 전부다. 회사 밖

24시간 식당에 가서 백반을 먹고 올 수도 있지만, 태영은 건강상태를 생각해 일찍이 이런 식단을 고집하고 있었다. 그런 다음 자리로 돌아와 차 한 잔을 마시고는 한 시간 남짓, 마치 수험생처럼 공부에 매진한다. 어떤 날은 재무관련 전문지식에 관한 공부를 하기도 하고, 어떤 날은 중국어 공부를 하기도 한다. 외국어로는 영어와 일어에 이어 세 번째 도전인 셈이다. 이렇듯 태영은, 진즉에 '아침형 인간'으로 습관을 바꿨다. 습관이 생활이 되기까지는 참 힘들었지만 잘 참고 견뎌냈다. 그리하여 이렇게 바꾸기를 백 번, 천 번 잘했다고 생각하고 있었다.

사실 20대 후반에서 30대 초반 무렵까지는 그렇지를 못했다. 바쁜 일과로 무척 피곤한 가운데서도 퇴근 후 만나야 할 사람들은 항상 많았고, 워낙에 친화력이 좋은 성격이라 친구들과의 약속도 늘 넘쳐났다. 그러다보니 자정을 넘어서 집에 들어가는 날이 아주 허다했다.

하지만 결혼을 하고, 마흔이 되고, 쉰이 넘자 후배들이 쭉쭉 성장을 함과 동시에 무섭게 치고 올라오는 걸 보면서부터는 정신을 바짝 차리지 않을 수 없게 됐다. 이러다가 낙오되는 건 한순간이라는 걸 절감한 어느 날, 태영은 마음을 독하게 먹고, 아침형 인간을 선언했다. 그리고는 선언과 동시에 바로 행동에 착수했던 것이다. 그렇게 생활패턴을 바꿔서 지내온 지도 벌써 8년이 넘었다.

그러는 사이 태영의 아들도 스무 살, 아주 늠름한 대학생이 됐다.

## 사랑하는 아들에게

태영의 아들은 또래 아이들처럼 꿈 많고 호기심 많은 청춘이다. 다만 다른 친구들에 비해 한 가지 다른 게 있다면 벌써부터 재테크에 눈을 떴다는 사실이다. 물론, 아빠 태영의 영향이 컸음을 인정하지 않을 수 없다.

태영은 아들인 재훈을 어려서부터 가르쳤다. '돈 버는 방법'에 대해서. 아마 초등학교 때부터였을 것이다. 매일 일기를 쓰듯이 용돈일기를 쓰게 한 게 그것이었다.

"재훈아, 아빠가 용돈 주는 거, 어디에 쓰는지 잘 적고 있지?"

태영의 질문에 재훈은 '그런 것은 기본'이라는 표정으로 대답했다.

"아빠! 누구 아들인데요.
수입, 지출, 잔액, 비고까지 꼼꼼하게 적고 있어요."

"녀석도 참……."

태영은 만족스럽다는 듯이 반응하고는 재훈의 머리를 쓰윽, 쓰다듬어줬다. 태영이 재훈에게 설명한 '돈 버는 방법'은 다음과 같은 것이었다.

- 저축하기
- 투자하기
- 절약하기

이 세 가지 중에서 대학생이 되기 전까지는 '저축하기'와 '절약하기'에 관해서 중점적으로 설명하고 강조했다.

그 결과, 재훈은 대학생이 된 지금, 또래 아이들에 비해서 경제 관념도 뚜렷했고 급기야 그 사이 모아놓은 돈도 제법 됐다. 재훈은 적금도 많이 부었고, 심지어 펀드투자도 몇 개 했다. 그 덕에 학비 외에는 아빠한테 손 안 벌려도 될 정도로 스스로 용돈벌이는 하고 있었다. 아니, 당장이라도 마음만 먹으면 어학연수를 갈 수 있는 경비, 혹은 해외여행을 갈 자금은 충분히 마련하고도 남는 재훈이었다. 태영은 그런 아들을 볼 때마다 흐뭇한 마음을 숨길 수 없었다.

## 어디 한번 시작해볼까

가을 햇살이 눈부시게 쏟아지는 아침이었다.

태영은 이 날도 아침 운동을 마치고 사무실에 올라왔다. 크게 한번 기지개를 켜고는 '어디 한번 시작해볼까?' 하는 마음으로 책상에 앉았다. 고객들이 지점에 도착하기 전까지 처리해야 할 업무들을 서둘러 정리했고, 물론 사이사이 아침 뉴스를 비롯해 증시 현황을 체크하는 것도 잊지 않았다. 숨 가쁘게 시작되는 아침이었다. 그때 태영을 찾는 전화가 걸려왔다. 직속 상사인 전무였다.

"자네, 지금 내 방으로 좀 올라오게."

아침부터 무슨 일이지 싶은 태영은 서둘러 옷매무새를 다듬고는 전무의 방으로 찾아갔다.

똑똑……

태영은 조심스럽게 노크를 했다.

"들어오게."

태영의 상관인 전무는 점잖으면서도 위엄 있는 목소리로 말했다. 태영은 조용히 문을 열고 들어갔다.

"이 쪽으로 와서 앉게. 한창 바쁠 시간이지?"

"아닙니다."

태영은 이렇게 대답을 하고는 자리에 앉으려고 하는데, 그때 소파에서 누군가 일어서며 태영을 향해 미소를 지어보였다. 누구지 하며 의아해하는 태영을 향해 전무가 입을 뗐다.

"아, 이 분은 말이야, 모 제품디자인회사 김 사장님. 나와는 아주 오래된 인연이지. 인사드리게."

전무의 말에 태영은 앉으려다 말고 다시 허리를 곧게 펴서는 90도로 인사를 했다.

"처음 뵙겠습니다. 김태영입니다."

"반갑습니다. 앞으로 잘 부탁합니다."

김 사장은 태영의 인사에 이렇게 반응하며 자리에 먼저 앉았다. 뒤를 이어 전무와 태영도 자리에 앉았다.

"내가 왜 자네를 불렀냐 하면……."

전무가 입을 열어 말을 이어가기 시작했다.
얘기인즉슨 이러했다.
김 사장이 경영하고 있는 제품디자인회사의 자금운영 전반에 대해 앞으로 태영이 좀 맡아달라는 것이었다. 기업 자금 전반에 관한 것은 물론 개인의 순자산 관리까지도 가능하면 도와달라는, 한마디로 귀한 고객 한 명을 태영에게 양도한 셈이었다.

"어때? 자네가 김 사장님을 도와줄 수 있겠나?"

전무는 태영을 향해 조금은 힘이 들어간 목소리로 말했다. 태영은 고민하고 말고 할 것도 없이 바로 대답했다.

"여부가 있겠습니까? 힘닿는 데까지 도와드리겠습니다."

대답은 이렇게 했지만, 조금은 부담이 되는 것도 사실이었다.

다른 일반 고객도 아니고, 직속상관인 전무와 개인적으로 잘 아는 사람의 회사재정을 맡는다는 건 결코 쉬운 일이 아니기 때문이었다. 게다가 태영이 이미 관리하고 있는 고객도 넘쳐났고, 매주 다녀야 할 '재테크 세미나' 등 각종 경제 관련 강연회도 넘쳐났다. 하지만 그것들이 이유가 되지 않는다는 걸 잘 알고 있는 태영이었기에 오히려 더 넙죽 인사를 하고는 전무의 방을 빠져 나왔다.

사무실에 돌아오니 직원들 모두 여기저기서 걸려오는 전화 상담으로 요란했다. 태영은 그 틈에 앉아 업무를 시작하려니 갑자기 마음이 답답해져 담배 하나를 챙겨 들고는 옥상으로 올라갔다. 사무실에서부터 5층을 더 올라가야 하는 옥상이었으나 사람 많은 엘리베이터를 타지 않고, 비상계단을 통해 천천히 옥상으로 올라왔다. 매일 아침 운동을 하고 있는 탓에 5층까지 올라오는 게 그리 힘들지는 않았다. 그렇게 옥상에 올라온 태영이 담배 하나를 물고 있으려니 옆에 쓰인 문구 하나가 눈에 들어왔다.

내년부터는 이 빌딩도 금연빌딩이 됩니다.
흡연자 분들은 기억하셔서 이참에 보란 듯이 금연을 하시던가,

아니면 흡연 가능한 다른 장소를 찾아보시기 바랍니다.

― 관리자 백


그렇다. 생각해보니 사내 홈페이지를 통해 언젠가부터 '금연빌딩'에 관한 얘기가 돌고 있던 게 생각났다. 하긴, 지금의 추세가 모두 다 '금연'이니 이 빌딩이라고 안 할 이유가 없었다. 점점 더 흡연자들이 설 곳이 없다고 생각하니 태영은 순간 더 답답해져 담배 연기를 길게 뿜어냈다.


## 전투력이 상승하다

며칠 후, 태영이 회사에 출근하니 부서 내 '모닝클럽' 멤버들이 모두 와 있었다. 보통은 태영이 도착하고 한 시간 후 쯤 하나둘 나타나는데, 오늘은 어쩐 일로 다들 와 있는 것이었다. 놀란 태영이 물었다.

"자네들 오늘 뭔 일 있어?
 어쩐 일로 한 시간이나 더 빨리 왔어?"

태영의 말에, 부하 직원 상현이 대답했다.

"잊으셨어요? 오늘 사내 간담회에서 우리 부서의 자랑, '모닝클럽' 발표가 있잖아요. 타 부서까지 활성화를 위한……."

상현의 말을 듣고 나서야 태영은 퍼뜩 생각이 났다.
그러고 보니 얼마 전 사장님으로부터 우리 부서 '모닝클럽'의 멤버들에게 지시가 내려졌다. 타 부서에서도 이런 움직임이 활발히 이루어져 회사 분위기가 좀 달라졌으면 한다고 말이다. 사실 '모닝클럽'은 태영을 비롯한 몇몇이 시작한 일이었다. 어차피 경쟁사회에서 뒤질 수는 없으니 한발자국이라도 앞서가려면 여러 가지 조치와 노력들이 필요할 터인데, 그중에서 부지런한 사람은 막지 못한다고 남들보다 먼저 일어나 하루를 시작하는 게 필요하다고 생각했던 것이다.
아침형도 아니라 새벽형을 자처하며 시작된 태영의 하루일과는 가벼운 운동과 식사, 그리고 업계의 동향 살피기 및 자료 수집으로 이어졌다. 그리고 태영과 뜻을 같이 하는 몇몇과 만나 정보를 교환하는 것으로 매일 매일의 아침 일과는 알차게 꾸려지고 있었다. 그런데 바로 이 모습을 태영의 직속상관인 전무가 눈여겨봤고, 전무의 보고로 결국 사장까지 알게 된 것이다. 얘기를 전해들은 사장은 사내 분위기 쇄신을 위해서도 꼭 필요한 일이라고 생각했고, 급기야 태영을 비롯한 '모닝클럽' 멤버들에게 '아침시간 적극 활용하기'에 대해 브리핑할 것을 제안했다. 그리고 그 발표를 하는 날이 바로 오늘이었던 것이다.

"아차차, 내 정신 좀 봐.
어제 저녁까지 생각해놓고 금방 또 이런다니까."

태영의 말에 상현이 걱정스러운 목소리로 물었다.

"요즘, 많이 피곤하시죠? 얼굴도 좀 까칠해지신 것 같고……."

"아냐, 아냐, 피곤하긴 뭘, 다 마찬가진데.
그래서 준비는 다 된 거야? 내가 도울 일은 없고?"

"없습니다! 저희가 다 준비했어요!"

이렇게 말한 상현은 태영에게 다가와 차 한 잔을 건넸다. 이어서 두 손을 위에서 아래로 화끈하게 내리면서 파이팅을 외치고 돌아갔다. 사내 간담회가 열리기까지는 약 2시간 정도 남았다. 그리고 모든 준비는 상현을 비롯한 부하직원들이 알아서 하고 있었다. 그 덕에 태영은 한숨 돌릴 여유가 생겼다. 그래서 그때까지 얼마 전 전무로부터 제안 받은 김 사장의 회사 자료를 검토하기로 했다.

'한때의 붐을 넘어, 이제 무차입경영은 거대한 경영 트렌드로 정착됐다고 할 수 있습니다. 그렇다면 이제 귀사는 어떤 선택을 하시겠습니까?'

태영이 김 사장 회사의 자료를 검토하다보니 IMF 때 어음을 받은 것이 부도가 나, 몇 년을 죽도록 고생한 기록이 있음을 알게 됐다. 그리고 지금은 좀 나아졌다고는 하지만 여전히 남은 부채로 인해 고생하고 있음도 알게 됐다.

그러자 언젠가 세미나에서 태영이 이런 내용의 발언을 한 게 생각났다. 그리고 이 화두는 이제, 은퇴를 앞두고 마지막 재기를 노리고 있는 김 사장에게 다시금 던져야 할 중요한 포인트라는 판단이 섰다. 태영은 핸드폰을 꺼내 김 사장에게 전화를 걸었다. 김 사장은 바로 전화를 받았다. 태영의 목소리를 대번에 알아들은 김 사장은 반갑다는 듯이 말했다.

"안 그래도 전화 기다리고 있었어요."

김 사장의 말에 태영은 짧게 인사를 건네고는 용건을 말했다.

"네, 김 사장님! 그동안 자료검토를 좀 해봤습니다.
 만나 뵙고 이것저것 드릴 말씀이 있는데, 언제쯤 시간 괜찮으신지요? 편하신 시간에 제가 찾아뵙겠습니다."

태영의 공손한 말투에 흡족한 듯 김 사장은 대답했다.

"음, 나는 언제든 환영이에요.
 마침 요즘 바쁜 일이 마무리돼서 시간이 좀 되는구려.
 내일쯤 어때요? 저녁 식사하면서 얘기 나눕시다."

태영은 김 사장의 말에 '그러겠다'고 대답하고는 전화를 끊었다. 다시금 업무의 전투력이 상승하는 순간이었다. 태영은 이렇게 무언가 진단을 하고 전략을 짜는 일을 할 때가 가장 즐겁다고 생각했다. 그때였다. 태영을 부르는 상현의 목소리가 들려왔다. 고개를 들어보니 저쪽 복도 끝으로 간담회 자료들을 잔뜩 안고 가던 상현이 태영에게도 얼른 오라고 소리쳤다.

"어, 뒤따라갈게. 먼저들 가서 세팅해!"

태영은 이렇게 대답하고는 서둘러 간담회 장소로 걸음을 재촉했다. 오늘도 이렇게 바쁜 하루가 시작되고 있었다.

태영은 일반 고객을 만나기도 하지만, 주로 중소기업의 오너들을 고객으로 많이 만나는 편이었다. 그 고객들 중 대다수가 힘든 IMF 시절을 지나온 장본인들로서 그동안 무너진 회사를 다시금 일으키기 위해서 안간힘을 썼고, 그러는 와중에 태영을 비롯한 IFP들에게 여러 도움을 요청하곤 했다. 그때 힘든 시간을 잘 견뎌내고 원상복구 상태로 돌아온 수많은 기업체 오너들에게 태영은 수시로 말했다. 이제는 '무차입경영'을 시도해보는 게 어떻겠냐고. 말 그대로 '빚은 단 한 푼도 안 쓰는' 무차입경영을.

그러고 보니 이게 재계의 키워드로 떠오른 지도 벌써 몇 해 전의 일이다. 이 악물고 회사의 재기를 위해 노력한 기업들이 어느 정도 위기를 극복하자 앞으로는 똑같은 실수를 되풀이하지 않기 위해 '부채 제로'를 선언, 결국 실현했고, 이러한 수치는 어느 시기에는 매년 증가하기도 했다. 이러한 경영방식은 경기침체를 반영한 아주 자연스러운 선택이라는 분석도 있었지만, 반면 적극적인 신규투자를 막아선다는 면에서는 비난을 면치 못했던 것도 사실이다. 바로 그런 순간에 어떤 쪽으로의 선택과 조율이 필요한지에 대해 제대로 판단을 해주고, 대안을 제시해주는 게 바로 IFP로 살아가는 태영의 몫이었다.

## 가장으로 산다는 것

"아빠! 요즘 많이 피곤하시죠? 퇴근이 늦으시네요.
새벽에도 일찍 나가시면서……."

태영이 퇴근 후 집에 돌아오자 아내보다 더 걱정스런 목소리로 아들 재훈이 말했다.

"녀석, 아빠 걱정도 할 줄 알고 제법인데?"

태영은 재훈이 기특하다는 듯이 말했다. 그러자 저쪽 부엌에서 태영의 아내가 따뜻한 모과차를 한 잔 내오면서 말했다.

"누가 못 말리는 부자지간 아니랄까봐,
　이 밤에 서로 애정확인 하는 거예요?"

"왜, 당신 샘나? 혹시 애들처럼 질투하는 거야?"

태영은 이렇게 말하며 손에 든 모과차를 한숨에 쫙 들이켰다. 아내의 정성으로 만든 모과차라 그런가, 태영은 속이 한결 따뜻해지면서 편안해지는 걸 느꼈다. 빈 잔을 받아들면서 태영의 아내가 물었다.

"당신, 요즘 많이 바빠요?
　재훈이 말대로 이른 새벽에 나가는데,
　요 며칠은 몇 시간도 제대로 못 자고 피곤해서 어떡해요?"

아내의 걱정에 괜스레 더 미안해진 태영은 아내의 거칠어진 손등을 부비면서 말했다.

"당신 고생하는 거, 이제 슬슬 졸업시키려고 그러지.
　조금만 참아요. 내가 일 열심히 해서 호강시켜 줄 테니까."

태영의 말은 진심이었다. 하는 일의 특성상 남의 돈은 잘도 관리해주면서, 실상 태영 자신의 재산 불리기에는 실패했기 때문이다. 아니, 솔직히 말하면 불릴 재산도 없이 이날까지 살아왔다는 게 정확한 표현일 것이다. 그저 덜 먹고, 덜 입고, 덜 쓰면서 알뜰살뜰 살아온 게 태영의 집안 살림을 이만큼이나마 성장시켜준 비결 아닌 비결인지도 모른다. 그런 생각을 하니 태영은 순간 마음이 숙연해졌다. 그리고 식구들에게 고마운 마음이 파도처럼 밀려왔다. 넉넉하지 않은 환경에서도 곱고 바르고 정직하게 잘 자라준 아들 재훈, 그리고 있는 돈 없는 돈 쪼개가면서 남편과 자식을 위해 한평생 헌신한 아내 은선, 바로 그들이 있었기에 지금의 내가 있는 거라고 태영은 생각했다.

## 늦었다고 생각할 때가 빠른 때다

김 사장과의 약속시간은 저녁 7시. 모 호텔 일식당에서 만나기로 했다. 태영은 외근 나온 장소에서 곧바로 약속장소로 가기로 했다. 물론 이렇게 움직이겠다고 전무에게 보고를 마친 상태였다. 여느 고객을 만나는 일이라면 굳이 전무한테 일일이 보고할 필요는 없었다. 하지만 전무를 통해 만나게 된 사장이었고, 또 둘의 역사가 오래됐다는 것까지 알고 있는 상황이기에 김 사장과의 미팅 건에 대해 말하는 건 당연한 일이라고 생각했다. 호텔에 도착하니 약속시간이 20분 정도 남아 있었다. 혹시나 했는데, 늦지 않아서 다행이었다. 태영은 화장실에 들렀다가 예약된 방으로 먼저 들어가서 김 사장을 기다리기로 했다.

"제가 좀 늦었습니다."

태영이 김 사장을 기다리며 휴대전화로 SNS를 검색하고 있을 무렵, 방문이 열리며 김 사장의 목소리가 들려왔다.

"아닙니다. 저도 방금 왔습니다."

태영은 자리에서 벌떡 일어나 인사를 했다. 김 사장이 먼저 악수를 청해왔고, 태영은 두 손으로 김 사장의 손을 맞잡으며 다시 한 번 인사를 했다. 자리를 정돈하고 앉자 김 사장이 먼저 말문을 열었다.

"유 전무 덕분에 이렇게 좋은 분도 만나고 내가 말년에 복이 많은 것 같아요. 듣자하니 일도 꼼꼼하게 잘하고, 고객관리나 실적 면에서도 모두 아주 우수하다고 칭찬이 자자하던데요?"

태영은 김 사장의 칭찬에 몸 둘 바를 몰랐다. 그리고는 그 칭찬에 뭐라고 한마디라도 반응해야 할 것 같아 이렇게 말했다.

"과찬이십니다.
전무님께서 특별히 김 사장님을 잘 모시라는 뜻에서
하신 말씀으로 생각하겠습니다."

그러자 김 사장은 손사래를 치며 말했다.

"아니에요, 아니에요.
유 전무 아니더라도 이미 이쪽 업계에서는 소문이 자자하던데요. 아무튼, 잘 좀 부탁합니다."

"여부가 있겠습니까. 저야말로 잘 부탁드립니다."

태영이 이렇게 대답하자, 김 사장은 테이블 위에 놓인 벨을 눌러 음식을 들여오게 했다. 아마도 미리 음식을 주문한 모양이었다. 태영과 김 사장은 우선 시장기를 달랠 겸 식사부터 하기로 했다.

식사를 다 마치고 태영은 김 사장과 본격적으로 하나둘 진단을 해나가기 시작했다. 현재 김 사장은 은퇴를 5년 정도 남겨둔 상태로, 이미 큰 아들을 후계자로 지목했다고 한다. 그쪽 업계에서도 모두 김 사장의 아들이 제품디자인회사를 물려받을 것이라는 걸 다 알고 있다고 했다. 그러면서 나름, 몇 년 전부터 꼼꼼하게 은퇴를 준비하고 있다고 말하는 김 사장이었다.

문제는, 다른 부분에서는 어느 정도 정리가 되어가고 있는 상황인데, 재정 상태에서는 그렇지 못한 게 무척 고민이라는 얘기였다. 그동안의 부채를 갚고 또 갚은 끝에 이제는 예전보다 많이 회복된 상황이지만, 그래도 여전히 조금의 빚이 남았다. 사실 이 정도의 부채야 중소기업을 운영하는 오너들에게 얼마든지 있을 수 있는 일이었다. 헌데 김 사장의 말은, 가능하다면 자식에게 부채 없이 회사를 물려주고 싶다는 것이었다. 어떻게 해서든 남은 5년 동안 부채도 다 청산하고, 더불어 회사도 확실히 정상궤도에 올려놓은 상태에서 아들에게 물려주고 싶어 했다. 사장이자 아버지로서 충분히 가질 수 있는 마음가짐이라고 태영은 생각했다.

한편 김 사장의 얘기를 들으면서 태영도 생각해봤다.

'나는 과연, 우리 아들 재훈이에게 무엇을 물려줄 수 있을까?

물려줄 만한 유산이 과연 있는 건가?

그게 돈이 됐든, 정신적인 것이 됐든…….'

태영은 고심하는 김 사장에게 조심스럽게 말을 건넸다.

"일단은 무리가 좀 되더라도 남은 부채를 갚는 게 우선일 것 같습니다. 그런 다음에 '부채 제로'가 되면 그땐 과감하게 '무차입경영'을 시도해보시는 건 어떨까요?

사실, 무차입경영에 대한 시각은 이것저것 참 많지만, 빚 없이 기업체를 운영하다 보면 경영자 입장에서는 확실히 부담이 줄어드는 건 사실이니까요.

그런 상태로 한 몇 년 경영하다보면 아드님이 물려받을 시점에서는 회사도 분명 안정세에 돌입하게 될 테고, 그리하고 나면 아무래도 기업경영이 한결 수월해질 것 같은데요?"

태영의 말에 김 사장은 고개를 가만가만 끄덕였다. 그러더니 이제 그만 먹겠다는 신호인지 젓가락을 테이블 위에 내려놓았다. 태영도 덩달아 젓가락질을 멈추었다. 잠시 어색한 침묵이 흘렀다. 이 침묵을 깬 건 김 사장에게 걸려온 전무의 전화였다.

용건인즉슨, 아직 김 사장과 태영이 같이 있다면 이쪽으로 오겠다는 것이었다. 그러니까 한마디로 김 사장에게 술 한 잔 대접하고 싶다는 얘기다.

전화를 끊은 김 사장은 태영에게 말했다.

"여기서 식사 후에 자리 옮겨서 유 전무와 한 잔 합시다.
 30분 안이면 이쪽으로 오겠다고 하네요."

"네. 그러시지요."

태영은 짧게 대답했다.

'김 사장, 유 전무와의 자리라······.'

사실 편안한 자리는 아니기에 좀 걱정이 되긴 했지만, 직장생활을 하다보면 피할 수 없는 순간이 오기 마련이니까 기꺼이 수긍하기로 했다. 유 전무 입장에서도 김 사장과의 인연이 오래된 사이기는 하지만 또한 한 명의 회사 고객이기도 하기에 이 정도의 접대는 필요하다고 생각했는지도 모른다. 그래서 친히 이쪽으로 오겠다고 한 건지도 모른다. 그런 유 전무의 마음을 읽자 태영은 자신의 역할이 더더욱 중요하다는 생각이 들었다.

태영은 자리를 옮기기 전에 김 사장에게 꼭 필요한 말일 것 같아, 다시금 아까 주고받은 얘기를 상기시켰다. 그리고는 그 얘기에 몇 마디를 덧붙였다.

"지금 제가 쭉 말씀을 들어보니까, 재무계획에 대해서도 이것저것 신경을 많이 쓰시는 걸로 보입니다.

회사의 재무건전성, 현금흐름, 투자상환, 단계별 자금조달 등, 그런데 그 재무계획에는 이런 것들도 포함된다는 것 아시지요?"

태영이 여기까지 말하자, 김 사장이 말을 끊으며 물었다.

"이런 것들이라면 어떤 것들을 말하는 거죠?
예를 들면, 은퇴 이후의 비용 말인가요?"

김 사장의 말에,

"네! 맞습니다."

태영이 응수했다. 그리고는 계속해서 말을 이어갔다.

"그러니까 후계자인 아드님에게 넘길 지분이전 계획을 세워두는 건 물론이고요, 은퇴에 대한 다른 이전 비용을 감당할 계획을 세워둔다던가, 그 외 은퇴 후 개인생활이라든가 여가에 드는 비용 혹은 자선활동에 들어가는 비용까지 모조리 꼼꼼히 계획을 세워두는 게 필요하다는 말씀을 드리고 싶습니다."

태영의 말을 들은 김 사장은 이렇게 대꾸했다.

"암요, 암요, 그런 것들이 미리 다 계획되어야 한다는 것 중요하죠. 중요하고말고요.
그런데 당장에 갚아야 할 부채도 있고, 또 아직까지 아들의 경영능력에 대해 완전히 마음을 놓을 수 있는 것도 아니고 해서…….
아무튼 이래저래 걱정이 많다보니 후계자 지분이전 문제라던가, 사업승계 조세검토를 위한 개인자산을 관리해야 한다는 측면에서는 좀 더 생각을 해봐야 할 것 같습니다.

어쨌거나 좋은 지적을 해주셨는데, 여러모로 어려움이 많다는 생각이 드네요."

'왜 아니겠나?'

김 사장의 말을 들은 태영은 단박에 그 심정이 이해가 됐다. 그러면서 동시에 이런 생각도 들었다. '그래서 우리 같은 전문가의 도움을 받아야 하는 거'라고. 하지만 태영은 입 밖으로 이 말을 꺼내지는 않았다.

## 태영, 학교에 가다

태영은 오늘 모교에 가는 날이다. 매년 봄 학기, 가을 학기마다 경영학과 후배들을 위해 '특별강의'를 해주기 때문이다. 이 강의의 시작은 태영의 고객이었던 학과장님과의 인연으로부터 비롯됐다. 어느 날 느닷없이 후배들을 위해서 '재능기부'를 할 생각이 없느냐는 학과장님의 제안에 기회가 있다면 그렇게 하겠다고 한 말이 씨가 되어, 특강을 시작하게 됐다. 그리고 벌써 3년째 강의를 하고 있는 태영이었다. 그러고 보니 태영이 대학교를 졸업한 지도 25년이 훌쩍 지났다. 어느새 이렇게 나이를 먹은 걸까 하고 생각하니 쓸쓸함이 밀려왔다. 하지만 그런 상념에 젖어있는 것도 잠시, 학과장님이 '툭' 어깨를 치며 다가오는 바람에 얼른 정신을 차리고 강의실로 들어갔다.

"좋은 기업이란 어떤 기업을 말할까요? 누가 말해볼래요?"

태영의 질문에 한 학생이 손을 번쩍 들더니 대답했다.

"재무구조가 탄탄한 기업이요!"

간결하게 대답을 한 학생을 향해 태영은 되물었다.

"왜 그런지 말해볼 수 있어요?

그러자 이 학생은 주변을 획 둘러보더니 이렇게 대답했다.

"뭐니 뭐니 해도, 머니가 중요하니까요~"

그러자 강의실이 한바탕 '까르르~' 웃음소리로 가득해졌다. 웃음이 잦아들 무렵, 태영이 다시 제대로 설명을 해주려는 찰나, 다른 학생이 손을 들더니 대답을 했다.

"아무래도 꾸준히 R&D에 투자하는 기업 아닐까요?
제 아무리 당장 매출 실적이 좋더라도 제품의 라이프사이클이 짧은 탓에 다음 먹거리를 꾸준히 준비해야 한다는 측면에서 저는 이렇게 생각합니다."

앞에서 두 번째 줄에 앉은 그 학생은 이렇게 대답을 한 뒤 습관인 양 콧대에 걸쳐진 안경을 위로 두 번 밀어 올렸다. 태영은 좋은 의견이라며 그 학생을 칭찬했다.

이어서 태영은 또 하나의 질문을 던졌다.

"재무구조가 탄탄하려면 오랜 시간 수많은 노력들이 병행돼야 하고 여러 가지 방법들이 동원돼야 할 텐데요.
여러분이 생각할 때는 어떤 방법, 어떤 시도가 필요할까요?
혹시 주변의 사례를 들어서 대답해볼 학생 있어요? 이런 질문에 정답은 없는 거니까 자신의 의견을 편하게 얘기해볼 학생?"

태영의 질문이 끝나자, 복학생으로 보이는 듯한 한 남학생이 대답을 했다.

"저희 아버지도 사업을 하시는데요,

사업 초창기에는 우여곡절도 있었고, 무수한 시행착오도 겪었지만요, 끝내 일어설 수 있었던 건 바로 아버지만의 '신념', 그러니까 기업의 재무건전성 유지를 위해 끝까지 섬세하게 챙겼기 때문이 아닐까 싶습니다.

남들이 부동산이 어쩌니, 다른 사업이 어쩌니 하면서 부추길 때조차도 미련할 정도로 한 우물만 팠다고 하시는데요,

현금흐름 관리, 즉 '현금이 왕이다.'

바로 이게 적중했다고 하시더라고요.

오로지 경쟁력을 키워서 수익성을 높였다고 하는데요, 그렇게 해서 벌어들인 돈으로 다시 투자를 했더니 성장성과 유동성이 담보되어 이제 허리 펴고 살 수 있게 됐다고 하시더라고요."

태영은 이 학생의 대답이 아주 흡족했는지, '짝짝짝' 박수까지 쳤다. 오늘 자신이 말하고자 하는 바가 이 학생의 대답 안에 충분

히 담겨 있다며 칭찬에 칭찬을 아끼지 않았다. 이럴 때는 바쁜 업무 스케줄을 쪼개 대학교에 와서 까마득한 후배들을 위해 강의한다는 사실이 큰 보람으로 다가온다고 느끼는 태영이었다.

태영은 두 시간에 걸친 강의가 끝나자 아들 재훈이 생각났다. 모처럼 아들과 둘만의 데이트를 해야겠다는 생각이 들자 곧바로 강의실을 벗어나 근처에 있는 재훈의 대학교로 발걸음을 옮겼다.

## 아들에게 물려주고 싶은 유산

"아빠가 학교까지 어쩐 일이세요? 잠깐만 기다려주세요. 마침 공강시간이거든요. 곧 나갈게요!"

태영이 학교에 도착해 재훈에게 전화를 하자 재훈은 뜻밖이라는 듯이, 하지만 감격에 찬 목소리로 말하고는 전화를 급히 끊었다. 태영은 재훈이 도착하기 전 학생회관 쪽 건물 안에 있는 편의점에 들러서 따뜻한 캔 커피 두 개를 샀다. 그리고는 아들과 만나기로 한 운동장 쪽 가운데 벤치로 갔다. 아직 재훈은 오지 않았다.

태영이 운동장 벤치에 앉아 시선을 아래로 향해보니 한쪽에서는 축구하는 학생들, 한쪽에서는 농구하는 학생들로 가득했다. 쌀

쌀한 날씨에도 불구하고 젊은이들은 반팔차림으로 이리 뛰고 저리 뛰고 있었다. 그런가 하면 태영이 앉은 벤치 사이사이에는 커플로 보이는 듯한 남녀도 보였고, 미간에 주름이 잔뜩 잡힌 채 목청을 높여가며 누군가와 통화를 하는 젊은이도 있었다. 그 옆에는 나와는 아무 상관없는 일이라는 듯이 한 여학생이 귀에 이어폰을 꽂고는 음악 감상에 심취해 있었다. 그야말로 각양각색의 젊은이들이 캠퍼스라는 같은 공간에서 저마다의 자유로움을 펼치고 있는 모습이었다. 잠시 후 거친 숨소리와 함께 아들 재훈이 뛰어오는 게 느껴졌다.

"아빠!! 아빠!!"

재훈은 어린아이처럼 흥분된 목소리로 아빠를 불렀다. 태영은 앉은 자리에서 일어나 바지를 털며 재훈에게로 다가갔다.

"녀석, 누가 보면 이산가족 상봉하는 줄 알겠다."

태영은 자신을 향해 한걸음에 달려온 아들 재훈을 사랑스러운 표정으로 바라보며 이렇게 말했다.

"아무렴 어때요?"

재훈은 아빠의 느닷없는 방문이 마냥 좋은지 연신 싱글벙글이었다. 태영은 급히 뛰어오느라 얼굴이 벌겋게 상기되고, 이마에는 땀이 송골송골 맺힌 아들을 위해 얼른 캔 커피를 건넸다. 안타깝게도 그새 식어버린 커피였다. 하지만 재훈은 숨 가쁘게 뛰어온 뒤 마시기에는 오히려 적당하게 식어버린 커피가 훨씬 더 좋다며 단숨에 커피를 마셔버렸다.

태영과 재훈은 오랜만에 캠퍼스를 거닐며 이 얘기 저 얘기를 나눴다. 항상 밖의 일이 바빠 아들 재훈을 제대로 보살펴주지 못하고 있는 태영이라 마음속에 미안한 마음이 가득했지만, 재훈은 오히려 태영에게 고마운 마음이 더 크다고 말했다. 어려서부터 시간관념, 경제관념을 제대로 알려줘서 고맙다고, 어떤 상황에서도 긍정적인 생각을 할 수 있게 만들어줘서 고맙다고, 살아가는 데에서 건강한 마인드를 가질 수 있도록 도와줘서 무척 고맙다고 말하는 것이다. 그 모습을 보고 있자니 태영은 가슴이 벅차올랐다. 어느새 재훈이 이렇게 커서 아빠한테 이런 얘기를 할 수 있는 나이가 된 건지 아무리 생각해도 놀랍고 또 놀라운 순간이었다.

'녀석, 마냥 어린애인 줄 알았는데, 이제 보니 다 컸네!'

태영은 벅찬 가슴에 아들 재훈의 어깨를 힘껏 토닥여줬다. 어디에 내놔도 부러울 것 없는 너무도 다정한 부자의 모습이었다.

새벽 네 시.

태영의 침대 머리맡에서 알람시계가 요란하게 울리고 있었다. 태영의 기상시간이다. 오랫동안 몸에 익은 습관 탓인지 태영은 자동으로 알람시계의 버튼을 눌렀다. 그리고는 주저하지도 않고 바로 침대에서 나왔다.

이상하게 오늘따라 콧노래가 나왔다. 왠지 좋은 일이 생길 것만 같은 예감이 들었다. 설령 아무런 좋은 일이 생기지 않는다고 해도 상관없다고 생각했다. 그냥 지금 이 순간의 기분이 중요하다고 여기는 태영이었다. 출근을 위해 서둘러 승용차 안에 올라탄 태영은 룸미러에 걸려 있는 작은 코팅지에 눈이 갔다. 이 문구는 이 업계에 처음 발을 내디뎠을 때 가깝게 지내던 선배가 알려준 문구였다. 태영은 그 코팅지 안에 새겨져 있는 문구를 눈으로, 마음으로 깊이 새기고는 힘차게 시동을 걸었다.

과거는 부도수표, 미래는 약속어음, 현재는 준비된 현금

직업이 IFP인 사람답게 오늘이라는 시간, 현재라는 시간의 중요성에 대해 늘 자각하며 살아야겠다는 태영의 의지가 엿보이는 문구였다. 그 문구를 보니 오늘따라 이런 생각도 함께 떠올랐다.

- 미래의 약속어음을 내가 발행한다면, 상환조건으로 과연 나는 무엇을 준비해야 하는가?
- 고객들인 수많은 기업과 개인이 필요한 재정을 어떻게 계획하고 보다 잘 관리하게 할 수 있을까?
- 나의 유산계획은 과연 어떻게 정의할 수 있을까?

중요한 것은 분명, 이러한 것들은 돈만으로는 결코 해결되지 않는다는 것이다. 물질적인 것 이외에 반드시 '책임'이 뒤따라야 한다는 사실, 이것은 명백한 진리이다. 그리고 남은 생애 동안 찬란한 유산을 위해서 꼭 해야 할 일이라는 생각이 들었다.

제5장
# 꿈꾸는 인생

드라마 작가로 살고 싶은 은혜의 이야기

## 눈 감으면 떠오르는

주말 나들이 차량으로 고속도로는 주차장을 방불케 했다. 전용 도로가 있다는 게 무색하리만큼 정체는 엄청나게 이어지고 있었다. 그중 한 대의 고속버스에 올라 타 있던 은혜는 지루함과 나른함을 참지 못하고 연신 하품을 늘어지게 해댔다. 그도 그럴 것이 경기도 파주 집에서 출발해 고속버스터미널까지 오는 데만 해도 1시간 반은 족히 넘게 걸렸기 때문이다. 그리고 터미널에서 이제 겨우 한 시간 정도 왔을 뿐이었다. 앞으로 도착지까지 가려면 1시간 반은 더 남아 있다.

'그새 또 얼마나 변해 있을까?'

은혜는 가만히 눈을 감아 보았다. 그러자 눈앞에 파도가 넘실대는 동해바다가 펼쳐졌다. 어디가 하늘이고 어디가 바다인지 경계를 알 수 없던 곳…….

카페에서 50미터 정도 걸어 나가면 바로 백사장이고 그 백사장을 벗은 발로 한발 한발 디디며 달려가면 바다와 만나지는 곳, 안목항.

안목항은 은혜가 사랑하는 곳이다. 머리가 아프면 머리 식히러, 외로우면 더 깊이 외로워지기 위해, 때로는 남루하고 누추한 삶을 잠시나마 잊기 위해서 이따금씩 찾는 곳이다.

그런데 오늘은 혼자가 아니라 누군가를 인터뷰하러 가는 길이었다. 얼마 전까지 제지업계에서 일한 사장님을…….

안목항은 5년 전에 처음으로 갔던 곳이다.

은혜는 한때 하던 일을 접고 드라마 작가가 되어보겠노라고 야심차게 도전한 적이 있었다. 하지만 단막극 공모에서 보기 좋게 물을 먹었고 상심한 마음에 무작정 고속버스터미널로 갔다. 그리고 그때 마침 떠나는 강릉행 버스에 몸을 실었는데, 옆 자리 손님이 잔뜩 울 것 같은 표정으로 앉아 있는 은혜에게 '머리 식히기에는 안목항'이 좋다고 추천해줬다. 좀 생뚱맞은 끼어듦이었지만 오히려 그 말에 은혜는 무작정 발을 내딛을 수 있었다. 그것이 바로 은혜와 안목항의 첫 만남이었다.

## 인생의 터닝포인트

"선생님! 정말 그만 두실 거예요?
우리를 그딴 식으로 배신하기예요? 이런 법이 어디 있어요."

은혜가 학원을 그만둔다는 말에 유난히 은혜를 잘 따르던 학생 경수가 입을 삐쭉 내밀며 말했다.

"배신은 무슨, 더 젊고 예쁜 선생님이 오면 좋지, 뭘 그래?"

은혜는 그새 자신한테 정이 많이 든 경수를 달래듯 이렇게 말했다. 은혜는 대학을 졸업한 20대 중반부터 약 8~9년 정도를 사촌언니가 운영하는 학원에서 국어강사로 일했다. 국어와 논술을 가르치며 학생들과 만나고 헤어진 게 몇 해인지 모른다. 그중에서 경수는 중학교 때부터 고등학교 1학년인 지금까지 가르친 아이라

유난히 더 정이 많이 들긴 했다. 은혜와 헤어지는 게 못내 아쉬운지 경수는 수업이 다 끝났는데도 집에 돌아갈 생각을 안 하고 문 앞에서 괜스레 왔다 갔다 하면서 서 있었다.

"경수야, 선생님 그래도 여기 자주 올 거야.
 원장 선생님이 사촌언니인데 아무렴 발을 딱 끊겠니?"

은혜는 경수의 머리를 쓰다듬으며 말했다. 그러자 경수는 고개를 푹 숙이고는 자신의 발끝만 쳐다봤다.
은혜는 알고 있었다. 엄마를 일찍 여읜 탓에 경수가 은혜를 많이 의지했었다는 것을. 사교성이 그리 좋지 않은 조용한 성격의 친구라, 학원에 오면 은혜와 얘기하고 공부하는 걸 가장 좋아하던 경수였다. 그런 걸 알기에 은혜도 마음이 아팠다. 하지만 은혜에게는 저버릴 수 없는 꿈이 있었다. 더는 늦추면 안 될 것 같은 드라마 작가에의 꿈. 그 꿈을 위해 마흔이 다 된 나이에 과감히 안정된 직장을 버린 것이다. 이런 상황을 이해하려면 경수도 몇 번의 계절을 더 겪어봐야 할 것이다.

## 나는 어디로 가고 있나

뒤늦게 드라마 작가의 꿈을 이루겠다고 오랫동안 다니던 직장을 하루아침에 버린 채 힘겨운 삶을 자처한 은혜에게 하루하루가 결코 편안할 리 없었다. 예상했듯이 드라마 작가로의 길은 쉽지 않았다. 매주 모 사설기관에서 운영하는 드라마 연수반에서 강의를 듣고, 습작을 하고, 수업을 듣는 이들과 서로의 대본에 대해 토론하기를 몇 해, 하지만 시간이 지날수록 실력이 늘기는커녕 자신감만 줄어들고 있을 뿐이었다.

'이제는 아는 게 너무 많아서 오히려 쓸 수가 없어.
이런 장르의 드라마는 너무 뻔한 결말이 예상되고,
저런 장르의 드라마는 아직 우리 정서에서는 힘들고…….'

은혜는 이렇게 자책을 하며 하루하루 시간을 까먹고 있었다.

독신을 선언한 것도 아니었지만 언젠가부터 결혼은 우선순위에서 밀린 지 오래였다. 주변에 아는 남자들은 참 많았고, 괜찮은 남자들도 넘쳐났지만 어쩐지 내 남자로 삼고 싶은 사람은 아직까지 단 한 명도 없었다는 사실에, 은혜는 아예 마음을 편하게 비우는 쪽을 택했다. 그렇게 마음먹고 지낸 지도 벌써 얼마인가, 이런 생각을 하자 은혜는 피식, 웃음이 나왔다.

은혜는 매일 매일을 컴퓨터 책상에 앉아 키보드를 두들기며 열심히 이야기를 만들고 또 만들어냈다. 그러는 사이 단막극 대본도 몇 편은 나왔다. 물론, 이게 세상 밖으로 나와 빛을 발하기까지는 또 얼마간의 시간이 지나야 한다는 것쯤은 잘 알고 있었다. 뿐만 아니라 영영 그 원고들이 세상 밖으로 고개를 내밀지 못할지도 모른다는 것도 물론 알고 있었다. 은혜는 생각했다.

'어차피 이 길로 들어선 거,
 도전장이라도 내밀어야 할 게 아닌가?'

그래서 은혜는 각 방송사에서 주최하는 드라마 공모란 공모는 모두 찾아내 작품을 내보기로 했다. 4, 5년간 습작하고 준비한 것들의 평가를 받는 것만으로도 의미가 있다고 생각했다. 그러나 작품을 내는 족족 고배만 마실 뿐, '당선'의 영광은 한 차례도 돌아오지 않았다.

'나한테 드라마 작가로서의 소질이 없나?'

급기야 자신의 재능까지도 의심한 은혜는 마음이 무너져 내린 어느 날, 바다라도 보면 울분으로 터질 것 같은 마음이 좀 안정될까 싶어 강남고속터미널로 갔던 것이다. 그리고 만나게 된 안목항, 그게 벌써 5년 전의 일이다.

## 두근두근 내 인생

"김은혜 작가님 전화, 맞죠?"

커튼 사이로 햇살이 들어오는 어느 아침이었다.
휴대전화 벨소리가 요란하게 울리는 통에 은혜는 잠에서 깼다. 겨우 침대에서 빠져나와 책상 위에 있는 전화기를 집어 들었다.

"네, 여보세요."

잠이 덜 깬 목소리로 은혜가 말했다.
그러자 수화기 너머에서 한 남자의 경쾌한 목소리가 들려왔다.

"작가님, 저는 GRE 방송사의 박 피디인데요,
 작가님 작품 아주 잘 봤습니다.

혹시 시간 되시면 한번 만나서 얘기 좀 했으면 좋겠는데요."

이게 꿈인지 생시인지, 은혜는 너무 놀랐다.
두 눈을 비비며 다시 되물었다.

"방송사 피디시라고요?
 지금, 저를 만나자고 말씀하신 거예요?"

"그렇다니까요. 안 믿겨지세요?"

이런 반응을 수차례 겪었다는 듯이 상당히 여유 있는 목소리로 박 피디는 말했다.

"제가 꿈인지 생시인지 바로 확인시켜드릴 테니까요,
 괜찮으시면 오늘 방송국으로 오시겠어요?
 혹시 두 시간 뒤 쯤, 가능하세요?"

은혜가 아무 말도 안 하자 박 피디는 다시 한 번 물었다.

"어, 김 작가님, 전화 끊은 거 아니죠? 제 얘기 듣고 있는 거죠?"

어안이 벙벙해진 은혜가 대답했다.

"네, 그, 그럼요. 이따가 뵙겠습니다."

은혜는 전화는 끊자마자 양 볼을 꼬집어봤다. 꿈이 아니었다. 이게 어떻게 된 일일까 싶어 은혜는 책상 앞으로 달려가 달력을 들춰봤다. 그동안 제출한 네 군데 공모전 모두 발표가 났고, 보란 듯이 모두 떨어졌다. '그럼 대체 이 전화는 뭐지?' 싶었다.

'그래, 두 시간 뒤면 궁금증이 풀릴 텐데 뭐.'

이렇게 생각한 은혜는 서둘러 나갈 준비를 했다.

'부스스한 머리를 어쩌지. 모자를 써? 질끈 묶고 나갈까?
아냐, 아냐, 깔끔하게 머리띠로 이마를 확 까?
옷은 뭘 입지? 신발은? 가방은?'

은혜는 옷장을 뒤적뒤적, 욕실을 왔다 갔다 하면서 분주하게 굴었다. 참으로 오랜만의 외출임이 느껴지는 순간이었다.

'방송국이란 데가 이렇구나.'

은혜는 난생 처음 방문한 방송국 로비에서 이곳저곳을 두리번 두리번 거리며 박 피디를 기다렸다. 로비에 5분쯤 서 있자 박 피디로 보이는 사람이 다가왔다.

"김은혜 작가님?"

"네, 제가 김은혜인데요."

은혜는 어수룩한 말투로 대답했다.

"글이랑 이미지가 비슷하신데요?"

이렇게 말하며 박 피디는 웃어보였다.
그 말이 칭찬인지 뭔지 알 수 없다는 듯이 은혜는 코를 찡긋거리며 박 피디의 뒤를 따랐다. 사무실에 올라가 자리에 앉으니 박 피디가 직접 커피를 내왔다. 한 모금 마시고는 쭈뼛거리며 눈치를 보고 있는데 박 피디가 책상 서랍에서 원고뭉치를 꺼내들고는 은혜 앞으로 바짝 다가와 앉았다.

"이 원고, 기억하시죠?"

'내 원고를 내가 모를 수 있나?'

은혜는 자신의 원고뭉치를 들고 앞에 앉은 피디를 바라보다 더는 궁금한 걸 못 참겠다는 듯이 먼저 질문을 해버렸다.

"저를 왜 보시자고 했는지 궁금해요.
 공모에 당선된 것도 아닌데……."

"김 작가님, 성격 급하시네요.
 안 그래도 지금 말씀드리려고 했어요."

박 피디의 설명은 이러했다.
공모전 입상에는 실패했지만, 몇몇 심사한 피디들이 은혜의 작

품을 끝까지 추천했다는 것이다. 심사위원들로부터 은혜의 작품이 아깝다는 얘기를 건네 들은 박 피디는 은혜의 작품에 관심을 보였고, 은혜의 대본을 꼼꼼히 살펴본 결과 자신이 연출을 해서 드라마로 만들어보고 싶다는 의욕이 생겼다. 결국 윗선의 오케이를 받아냈고, 부랴부랴 은혜에게 연락을 한 것이었다.

　가만히 박 피디의 얘기를 듣고 있던 은혜는 왈칵 눈물이 쏟아지려는 걸 간신히 참아냈다. 그동안 고생했던 순간들이 파노라마처럼 스쳐갔기 때문이다. 그 마음을 잘 안다는 듯이 박 피디는 고개를 끄덕이며 은혜의 어깨를 토닥였다. 그리고는 금방 손을 내밀어 악수를 청했다. 감사와 감격스러움에 은혜도 그 손을 맞잡았다.

### 그때로 돌아가기엔

　오랜만에 사촌언니가 운영하는 학원엘 가봤다. 그 시절 은혜가 가르치던 학생들은 아무도 없었다. 당연한 일이었다. 그때의 아이들 중 누군가는 대학생이 됐을 것이고, 누군가는 군대에 갔을 것이며, 누군가는 결혼을 했을 것이다. 그 사이 은혜만 제자리걸음을 하고 있었다고 생각하니 가슴 한편이 따끔따끔 저려왔다.

　3년 전 박 피디의 전화를 받았을 때만 해도 은혜는 '이제는 됐다'고 생각했다. '이제는 고생 끝이다'라고 생각했었다. 그렇게 세상 밖으로 고개를 내밀 수 있을 거라고 생각했다. 그런데 아니었다. 마치 이런 생각을 순진하다고 비웃기라도 하는 듯, 세상은 혹독하게 은혜를 다스렸다.

　"김 작가님, 이번 편성에서도 엎어졌네요.
　이번에는 정말 될 줄 알았는데, 죄송해서 어쩌죠?"

　이제는 이런 전화에 놀라지도 않는 은혜였다.
　사실, 맨 처음 드라마 편성이 엎어졌다는 얘길 들었을 때는 왠지 배신당한 것 같고, 사기당한 것 같은 느낌이 들었다. 그야말로 다 된 밥에 코 빠트리는 격이라고, 이게 무슨 일인가 싶었다. 그런데 얘기를 듣고서 이런 일은 비일비재하다는 걸 뒤늦게야 알았다. 갑자기 흥행이 보장된 다른 유명작가의 작품이 치고 들어오는 경우도 있고, 내 작품과 비슷한 작품이 타 방송사에서 먼저 방송되는 바람에 엎어지는 경우도 있는 등 변수는 무수히 많다는 게 업계 사람들의 얘기였다. 그리고 보니 은혜는 드라마만 초보 작가가 아니라 세상살이에도 초보였다. 하긴 20, 30대를 학원에 들어앉아 아이들하고만 보냈으니 세상 돌아가는 걸 제대로 알 턱이 없는 것도 당연한 일이었다. 더군다나 이런 세계의 일은 그야말로 드라마 속에서만 봐왔던 일이지 실제상황이 아니었기에 은혜로서는 어리둥절하고도 남는 게 정상이었다. 그런데 이런 상황도 몇 번 반복되다보니 그러려니 해졌다.

익숙해진다는 것.
새삼 이 단어처럼 무서운 것도 없다는 생각이 들었다.

"이번에도 잘 안 된 거야? 그새 좀 마른 것 같은데?"

사촌언니가 위로한다고 건넨 말에 은혜는 오히려 짜증을 냈다.

"마르긴 뭘, 만날 할 말 없으면 그러더라."

사촌언니이자 학원 원장인 소영은 고등학교 때 대전에서 서울로 올라와 자취를 하며 살았다. 서울에서 대학을 나오고 졸업 후

학원 강사로 일하다 아예 그 학원을 인수해 원장이 됐다. 그 후 결혼을 해서 오늘에 이르기까지 쭉 대부분의 시간을 은혜와 함께 했다. 은혜와는 일곱 살 정도 차이가 나는 언니였는데, 때론 언니처럼, 때론 친구처럼 은혜의 일거수일투족을 세심하게 돌봐주고 이해해주는 존재였다. 그렇기에 은혜도 소영을 곧잘 따랐다. 나이를 먹어서도 고민이 있거나 할 때면 다른 사람이 아닌 소영을 찾는 것이 그런 이유에서였다.

"언니, 나 드라마 작가 때려치우고 다시 학원으로 돌아올까?"

은혜의 말에 소영은 안 그래도 큰 눈을 더 크게 뜨고는 말했다.

"얘! 그게 무슨 소리야?
나는 자기 발로 나간 사람, 다신 안 들여.
그게 내 학원운영 방침이야. 그거 여태 몰랐어?"

소영은 팔짱을 낀 채 은혜를 위아래로 쳐다보며 말했다. 하지만 은혜는 알고 있었다. 포기하지 말고, 위축되지도 말고, 다시 용기를 내서 도전해보라는 뜻의 다른 표현이라는 걸. 그게 소영만의 격려방식이라는 걸.

"답답해서 해본 소리야.

드라마는 자꾸 엎어지지, 모아놓은 돈은 자꾸 까먹고 있지.

젊은 애들 말로 '잉여 인간'이 따로 없네."

은혜의 말에 소영은 조용히 다가와 은혜를 꼭 안아줬다. 그 품 안이 너무 따뜻하고 아늑해 은혜는 오래오래 안기고 싶었다.

며칠 후 은혜는 소영의 전화를 받았다. 소영의 대학 선배가 모 출판사 사장으로 있는데 작가를 구해 달래서 은혜를 추천했다는 전화였다. 언제까지고 마냥 그 드라마 편성에만 목을 매고 있을 수는 없기에 은혜는 일단 수락을 했다. 그리고는 자세한 얘기를 듣기 위해 출판사 사장을 만나러 약속장소로 나갔다. 출판사 사장이 먼저 와서 기다리고 있었다.

"말씀 많이 들었습니다. 함께 일하게 돼서 영광입니다."

출판사 사장은 점잖은 말투로 인사를 건넸다.

은혜도 예의를 갖춘 모습으로 깍듯이 인사를 했다.

"이번에 우리 출판사에서 기획하고 있는 책은 '내가 만난 장인들'이라고 해서 중소기업체에서 오랫동안 한 길을 걸어오신 분들과의 인터뷰를 엮은 겁니다. 리스트에 오른 여러 인물들 중, 김 작가님이 맡아주실 분은 굴지의 모 제지업체 송 사장님입니다.

지금은 은퇴를 앞두고 강릉에 잠시 내려가 계시다고 하던데, 어떻게 가능하시겠습니까?"


## 안목항 앞으로

고속버스가 가다 서다를 반복하는 바람에 은혜도 자다 깨다를 반복했다. 그러는 사이 버스는 강릉시외버스터미널에 도착했다. 은혜는 흐트러진 머리를 손으로 가지런히 빗으며 버스에서 내렸다. 9월 초라 아직 늦더위가 남아 있기는 했지만, 그런대로 시원한 느낌이었다. 한걸음 내딛을 때마다 오후 햇살이 쫙 퍼지는 느낌이 그다지 싫지 않았다. 송 사장님과의 인터뷰 시간은 약 2시간 정도 남아 있었다. 여기서 안목항까지는 버스로 30분 정도. '시간을 보내다 갈까, 어쩔까?' 은혜는 잠깐 고민하다가 먼저 안목항으로 가서 기다리기로 했다.

안목항은 1년 전에 왔을 때와는 또 다른 모습이었다. 많은 변화가 있었다기보다 '카페거리'답게 프랜차이즈 카페가 몇 개 더 들어섰고, 편의점도 사이사이에 들어서 있었다. 은혜는 카페거리 모퉁이에 있는 자그마한 카페에 가서 커피 한 잔을 테이크아웃했다. 그리고는 바다 쪽으로 천천히 걸어와 벤치에 앉았다. 안목항에는 무수한 카페를 등지고 앉을 수 있는 벤치들이 백사장 위쪽에 늘어서 있었다. 그중 가운데쯤으로 은혜는 걸음을 옮겨가 앉았다. 바닷바람이 시원하게 불어왔다. 그 바람을 타고 퍼지는 커피향이 근사했다. 송 사장님과의 약속시간 전까지는 여기서 시간을 보내야겠다고 은혜는 생각했다. 매번 올 때마다 여기에 이렇게 앉아서 바다를 바라보며 마시는 커피 한 잔의 여유와 무수한 상념의 시간, 은혜가 사랑하는 시간이었다.

이러고 몇 시간이라도 있어도 참 좋겠다고 생각했다.

시간이 다 되어 약속장소로 가니 송 사장님이 먼저 와 있었다.
은혜는 목에 살짝 두르고 있었던 스카프를 빼내며 인사를 했다.

"안녕하세요. 서울에서 온 김은혜입니다."

"어서 와요. 반가워요. 굳이 나까지 뭘, 인터뷰하겠다고……."

송 사장님은 겸손한 말투 그대로 인상도 아주 선해 보였다. 자주 오시는 카페인지 송 사장님이 손을 들어 보이니 아르바이트 학생이 다가와 주문을 받았다.

"김은혜 씨라고요? 차 주문하시죠. 나는 늘 마시던 걸로."

'나이도 꽤 많으신 분이 이 카페에서 늘 마시던 거라…….'

은혜는 그게 과연 뭔지 갑자기 궁금해졌다. 그렇다고 '사장님과 같은 걸로요'라고 할 수도 없고, 그래서 그냥 '카페라떼'를 주문했다. 주문한 커피가 나오기 전부터 시작된 대화는 그 후 세 시간 동안 계속됐다.

"사장님은 아직도 회사에 애착이 많이 남아 있으시네요."

은혜는 자기가 말해놓고도 참 당연한 얘기라고 생각했다. 그러자 송 사장님은 미련인지 쓸쓸함인지 모를 웃음을 지어보이며 다시 얘기를 이어갔다.

"우리 할아버지 때부터 시작해서 아버지를 거쳐 나한테까지 이어져온 회사인 게지. 그러니 애착이 넘치고말고.
헌데, 은퇴를 앞두고 있는 지금 마음이 복잡해요."

'왜요?'라고 물으려는 찰나 송 사장님은 다시 말씀을 이어갔다.

"우리 아들 녀석이 이 회사를 이어가기로 했는데,
아직 마음이 안 놓여서 말이야.
앞으로 내가 몇 년은 더 일해야 할 것도 같고……."

송 사장님이 늘 마신다는 건 '에스프레소'였다. 건강을 생각해서 진한 커피는 무리일 것 같았는데, 송 사장님은 아무렇지도 않게 그 쓰디쓴 에스프레소를 단숨에 들이키더니 말씀을 이어갔다.
얘기를 들어보니 송 사장님은 아직도 몇 년은 더 현업에서 일해도 끄떡없다고 생각하는 듯했다. 다행히 몇 년 전부터 은퇴준비를 착실히 했고, 그 결과 후계자 문제도 정리가 잘 됐다. 아들도 선대부터 이어져온 가업을 잘 이끌어가기 위해 밤낮으로 뛰고 있다는 게 사장님의 얘기였다. 그런데 인간 수명이 이렇게 길어진 마당에 벌써 일에서 손을 떼야 한다는 게 당신에게는 납득이 되질 않는다는 얘기였다. 은혜는 그 말씀이 충분히 이해가 됐다. 여전히 의욕 넘치고 열정이 넘치는 모습이 그런 얘기를 뒷받침해주기에 충분했기 때문이다.

"그런데 외람된 질문이지만,
 지금은 어떤 이유로 강릉에 오신 거예요?"

은혜는 궁금한 걸 못 참고 물어봤다. 하긴, 지금 이 자리는 사장님의 인생 스토리, 성공 스토리에 관해 듣는 자리이니 뭐든 물어봐도 상관없겠다는 생각이 들었다.

"내가 취미로 그림을 좀 그려요.
 우리 와이프도 내 그림솜씨에 반해서 결혼한 건데,
 허허, 내가 별소릴 다 하죠?"

송 사장님은 말씀을 계속 이어갔다.

"얼마 전 우리 집사람이 그러더라고.

죽기 전에 초상화 하나 근사하게 그려달라고.

그게 뭐 어렵나? 그려준다고 대답했지."


여기까지 말하고는 사장님은 괜찮으면 밖에 나가서 바람을 쐬면서 얘기해도 되겠느냐고 했다. 은혜는 대답 대신 얼른 자리에서 일어나는 것으로 '좋다'는 사인을 보냈다. 그렇게 두 사람은 약간은 차디찬 바람을 맞으며 백사장을 걸었다.


"곰곰이 생각해보니 집사람이 그림을 그려달라는 건 둘만의 시간을 보내자는 뜻이었어요.

그동안 일에만 매달려서 정신없이 달려오느라 단 하루도 집사람을 위해 시간을 보낸 적이 없었다는 걸 그제서 깨달았죠.

그래서 무리를 해서 2주 정도 여기에 내려와 있는 거예요. 여기가 집사람 고향이거든. 여기 좋죠, 와 봤어요?"


"네."


은혜는 송 사장님의 질문에 짧게 대답하고는 웃어보였다.

굳이 안목항에 오게 된 이유와 그간의 은혜의 삶의 굴곡에 대해 말하고 싶지는 않았기 때문이다. 그리고 그런 얘기까지 죄다 하다 보면 너무 늦게 서울에 도착하게 될 것 같기도 했다. 그래서 은혜는 자기 얘기에 대해서는 최대한 말을 아끼자고 생각하고 있었던 차였다.

## 리더십의 유형

은혜는 질문을 이어갔다. 어차피 출판사에서도 지금의 송 사장님 회사가 성장하기까지의 성공 스토리에 대해 다루고 싶어 하는 만큼 그 부분에 대해 초점을 맞춰 얘기를 이어가기로 했다. 송 사장님은 다시금 진지하게 선대부터 지금까지 어떻게 제지회사를 만들었고, 발전시켜왔는지에 대해 조목조목 나열해줬다.

송 사장님은 이런저런 말씀을 하실 때마다 꼭 비유를 들어서 설명해주었다. 그중에서 은혜의 머릿속에 쏘옥 들어온 건 바로, 송 사장님의 할아버지와 아버지의 리더로서의 모습이었다.

모두 한 회사의 수장, CEO라는 타이틀은 같았지만 회사를 운영해나가고 아랫사람을 지휘하는 모습은 저마다 달랐다. 가령, 할아버지는 '군주형' 스타일로, 죽는 그 순간까지 계속해서 집권을 하면서 마치 군주처럼 굴었다. 자신보다 더 능력이 뛰어난 사람은 절대 없다고 생각했고, 설령 있다고 하더라도 자신의 발아래 두는 것으로 끝내 그 자리에서 손을 놓지 않았다. 결국, 심장마비로 생을 마감하면서 자식에게 그 자리를 내줬다. 그런가 하면, 그 자리를 물려받은 송 사장님의 아버지는 조금 달랐다고 한다.

"이런 얘기 지겹지 않아요?"

송 사장님은 자신의 아버지 유형을 설명하기에 앞서 은혜에게 물었다. 은혜로부터 '괜찮다, 재미있다'라는 대답을 듣고 나서야 계속해서 이야기를 이어나갔다.

"우리 아버지는 할아버지와는 좀 달랐어요.
그러니까 아버지는 뭐라고 할까, 한마디로, '총독형'이었어요. 우리 아버지는 권위적이면서도 좀 낭만적인 분위기가 있었거든.
어차피 제가 사업을 이어받는 건 기정사실이었고, 그래서 은퇴 시한도 미리 결정해놓았고, 발표도 미리 했어요.
그것도 공개적으로! 다시 말해 자신이 정한 시한 내에 경영권의 승계를 준비하고, 감행하는 유형이었던 거죠."

"그렇다면 송 사장님은 어떤 유형이세요?

할아버지의 피를 이어받아 군주형, 아니면 아버지의 피를 이어받아 총독형, 다른 걸로는 또 어떤 유형들이 있는지 설명해주시겠어요?"

"그렇게 원한다면 말해주지, 해주고말고요.
우선 나로 말할 것 같으면,
할아버지와 아버지의 반반이라고 할까?"

송 사장님은 껄껄 웃으면서 나머지 유형에 대해서도 자세히 설명해주었다.

실제로 포자(Ernesto Poza)라는 교수는 가족기업을 이끌어가는 CEO의 유형에 대해 몇 가지로 나누고 있는데, 군주형과 총독형 외에 가장 많은 유형으로 꼽히는 장군형은 이렇다고 한다. 일단은 자신이 물러날 시기에 대해서 미리 결정을 하기는 한다. 하지만 단서가 있다. 혹시 문제가 생기면 내가 기꺼이 돌아오겠다고 말이다. 마치 개선장군처럼. 그 외에 특사형과 발명가형, 승계건축가형 등이 있지만, 송 사장님은 서둘러 설명을 마무리했다. 이것도 다 은혜를 위한 배려였다.

여기까지 들은 은혜는 '이만하면 인터뷰 내용으로 아주 충분하다'고 생각했다. 돌아가서 출판사 사장한테 인터뷰 원고를 넘겼을 때, 아주 흡족해할 정도의 내용은 뽑았다고 은혜는 자신하고 있었다.

책에 실릴 내용에 관해 누군가와 인터뷰를 하는 건 은혜로서는 처음 겪는 일이었다. 나름 신선한 재미가 있다고 은혜는 생각했다.

"끝으로 사장님께서는 은퇴 이후에 어떤 삶을 준비하고 계시는지 여쭤 봐도 될까요?"

은혜는 서서히 인터뷰를 마무리할 요량으로 질문을 건넸다.
그런데 사장님은 은퇴는 하긴 해야겠는데, 솔직히 일을 손에서 못 놓겠다고 고백하시는 거였다. 은혜가 보기에도 여전히 일 중독자처럼 보였다. 아니나 다를까, 지금도 여기 내려와 있는 동안 정작 그림은 3분의 1 정도만 그렸고, 나머지 시간은 회사의 보고를 받으며 매일 매일 일 생각을 한다는 것이었다. 당신이 생각해도 이건 일하는 것도, 쉬는 것도 아니라면서 혀를 끌끌 차기도 했다.
그때였다. 송 사장님한테 한통의 전화가 걸려왔다. 역시 사업을 하는 친구 분이었는데, 송 사장님 얘기론, 이 친구는 자신과는 또 다른 면이 많다고 한다.

"어떤 면이 그렇게 다르죠?"

갑자기 그 친구 분에게도 호기심이 생기는데요?"

은혜가 웃으며 묻자 송 사장님은 '뭐 어려운 일이냐' 하는 표정으로 설명해주었다. 그 친구 분 역시 CEO로서 송 사장님과는 달리 은퇴를 끝까지 거부하는 창업자라고 했다. 공식적으로는 자신의 아들한테 모든 걸 물려주고 뒤로 물러났다지만, 실상은 그게 끝이 아니라는 거였다. 표면적으로만 아들이 사장이고, 여전히 그 자신이 뒤에서 회계장부에 대한 보고를 받으면서 일을 놓지 않았다. 끝까지 자신이 돈을 쥐고 있어야 아들, 딸이 자신한테 잘한다는 생각에 사로잡혀 산다는 것이다. 그런 얘기를 듣고 있노라니 그렇게 사는 인생도 참 편하지만은 않겠다 싶어졌다.

송 사장으로부터 이런저런 얘기를 전해 듣자 은혜는 씁쓸한 생각이 들었다. 성공한 기업인들의 삶, 은퇴 이후의 삶은 좀 더 화려하고 여유 있을 줄 알았는데 여전히 일에서 벗어나지 못하는 모습을 보면서 차라리 안쓰럽다는 생각이 들었다. 은혜는 막차시간을 생각해 송 사장님과의 인터뷰는 이것으로 마무리 짓기로 했다.

"사장님, 오늘 여러 가지로 좋은 말씀 감사합니다.
혹시, 원고 쓰면서 부족한 얘기가 있다면 서울 가서 전화 한번 드려도 될까요?"

"얼마든지요."

은혜는 송 사장님과 인사를 나누고 서둘러 터미널로 향했다. 그리고는 서울로 올라오는 버스 안에서 진지하게 생각했다. 출판사 사장을 만나면 이런 제안을 해봐야겠다고. 그건 다름 아닌, 애초의 기획이었던 '내가 만난 장인들'의 인생 스토리, 성공 스토리에 초점을 맞추는 것도 중요하지만, 정작 그 장인들이 혹은 CEO들이 남은 생에 대해 자신의 능력과 성격을 파악하고 은퇴 후의 활동계획을 위해 지식과 정보를 축척하고 있는지, 혹은 자신의 강점과 능력을 활용하는 새로운 목적 선택을 위한 준비나 계획을 갖고 있는지에 대해 초점을 맞춰보자고 말이다.

남은 인생을 잘 사는 방법
은퇴 이후의 삶을 준비하는 방법

오히려 이런 게 본인들은 물론 후세들에게도 실질적인 도움이 되지 않을까 하는 생각이 들었기 때문이다. 생각났을 때 일을 처리해야 하는 성격을 가진 은혜는 서울로 올라오는 버스 안에서 출판사 사장에게 전화를 걸었다. 벨소리가 몇 번 울린 것 같지도 않았는데 저쪽에서 전화를 받았다.

## 인터뷰를 마치다

"어이쿠, 김 작가님! 강릉은 잘 다녀오셨어요?"

"네, 지금 올라가는 길이에요."

은혜는 거두절미하고 방금 전에 생각한 바를 말했다. 그러자 '굿 아이디어'라며 출판사 사장도 맞장구를 쳤다. 그러면서 언젠가 자신이 '은퇴설계 전문가'를 만난 적이 있다면서, 그를 통해 들은 얘기를 은혜에게 전해줬다.

그 얘기인즉슨 이러했다.

승계작업도 다 끝내고 은퇴를 생각하고 있는 창업자 대부분은 막상 은퇴의 시간이 다가오는 것에 대해 막연한 두려움을 갖고 있다. 실상은 그렇지도 않은데, 괜스레 은퇴 후의 시간에 대해서 굉장히 자신 없어 하고, 자신이 더 이상 쓸모없는 사람이라는 생각에 사로잡힌다는 것이다. 따라서 그런 사람들에게는 은퇴설계 전문가의 조언이 절대로 필요하다. 그 은퇴설계 전문가의 조언대로, 시간 관리와 관계 관리를 위해 자원봉사를 한다던가, 부부가 함께 은퇴설계를 하는 등 미리 미리 구체적으로 준비한다면 새로운 삶의 목적과 파워, 의미를 찾을 수 있다는 얘기였다. 여기까지 얘기를 건넨 출판사 사장은 대화를 환기시키듯 은혜에게 물었다.

"어때요? 제 얘기가 도움이 좀 됐나요?
 어쨌든 방금 김 작가님의 말대로라면,
 이번 책의 콘셉트를 조금 다시 잡아야겠는데요?"

이 말에 은혜는 약간 걱정스러운 듯이 말했다.

"어휴, 제가 괜히 일을 크게 만들었나 봐요."

"아닙니다. 작가로서 아주 좋은 자세예요."

이렇게 말한 출판사 사장은 이어서 조심스럽게 은혜에게 물었다.

"김 작가님! 그러지 말고 우리 출판사에서 같이 일해 보는 거 어떠세요? 기획도 하고, 이럴 때는 직접 저자를 만나서 인터뷰도 하고."

출판사 사장의 갑작스런 제안에 놀라긴 했지만 그렇다고 해서 즉흥적인 제안 같다고 여기지는 않았다. 어쨌든 조금 당황한 건 사실이었다. 하지만 학원 강사를 하다가 드라마 작가로 전업하기까지도 오랜 시간이 걸렸는데, 드라마 작가의 꿈을 채 이루기도 전에 다른 일을 시도한다는 게 어쩐지 나 자신에 대한 배신 같다는 생각도 들었다. 그러다가도 '강릉 인터뷰 건 같은 일이라면 얼마든지 해도 되지 않을까?' 싶은 생각도 스쳐갔다. 사람을 만나는 일은 기본적으로 흥미로운 일이며, 다른 사람의 삶을 들여다본다는 건 더더욱 그렇다고 생각했기 때문이다.

"저, 생각할 시간을 주시겠어요?"

은혜가 조심스럽게 물었다.

"그럼요. 얼마든지요!"

출판사 사장은 아주 쿨 하게 대답했다.

## 에너지를 쏟는 일

아침부터 밤늦게까지 하루 종일 에너지를 쏟느라 기진맥진해진 은혜는 뭐라도 먹어야겠다는 생각을 했지만, 이미 몸은 침대를 향하고 있었다. 몸은 고되지만 왠지 보람찬 하루였다는 생각이 들었다.

그동안 혼자서 이 방안에 틀어박혀 키보드 자판이 다 지워지도록 열심히 두들겼던 시간들이 떠올랐다. 불현듯 아무도 알아주지 않는 글들을 혼자서 허공에 쏟아내고 있었는지도 모른다는 생각이 들었다. 이대로 드라마 한 편도 세상에 내보이지도 못한 채 60이 되고 70이 되고 그러다 생을 마감할 수도 있겠다는 생각도 들었다. 은퇴 이후의 삶, 제2의 삶은 한 기업의 사장들에게만 필요한 얘기가 아니라 바로 나, 김은혜 자신에게 필요한 얘기라는 생각이 밀려왔다. 그러고 나니 갑자기 거짓말처럼 생애 대한 의욕이 불타올랐다.

"은혜야! 강릉 다녀온 일은 잘 됐다며?
네 인터뷰 원고, 선배가 좋아하더라."

안 그래도 전화를 하려던 참이었는데 소영이 은혜에게 먼저 연락을 해왔다.

"참참, 너한테 출판사에서 같이 일하자고도 했다며?
 그래서 하기로 한 거야? 결정한 거냐고?
 하기로 한 거면 언제부터? 이번 책부터?"

소영은 호기심 많은 여고생처럼 쉬지 않고 이것저것 물었다.

"사실, 나도 뭐가 옳은 건지는 모르겠어.
 그래서 언니한테 조언을 구하려던 참이었어.
 나, 어떻게 하면 좋을까?"

"뭘 고민해? 일단 해! 하고나서 고민해도 하나도 안 늦어!
 그리고 너 말이야, 어쩌면 너의 진짜 재능을 알아봐준 건 드라마 피디가 아니라 출판사 사장일 수도 있어. 그 선배 때문에 네가 다른 길을 가볼 수도 있는 거라고. 안 그래?"

듣고 보니 그랬다. 학원 강사 일을 접은 이후 거의 10여 년 동안 드라마 강의도 듣고, 단막극도 여러 편 쓰고, 호흡이 긴 드라마도 써봤지만, 그래서 드라마 편성의 문 앞까지도 가봤지만 내 손에 잡힌 건 없었다. 내 것으로 승화시킨 것은 하나도 없었다. 그렇게 어느 틈엔가 10년이라는 세월이 지나고 있었던 것이다. 그런데

'다 접고 그만 돌아가야 하나?' 하고 생각하던 은혜에게 손을 내민 사람이 바로 출판사 사장이었다.

어쩌면 은혜는 이 길이 자신이 가야 할 길일지도 모른다는 생각이 불쑥 들었다. 그날 밤 은혜는 한숨도 못 자고 여러 가지 생각에 잠겼다. 앞으로의 날들에 대한 생각에…….


### 출판사의 제안

밤새 고민하고 또 고민한 끝에 은혜는 출판사 문을 노크했다. 사장은 기다렸다는 듯이 은혜를 반갑게 맞아줬다. 그리고는 이미 전화통화로 함께 일하게 된 것에 대해 감사의 뜻을 전했지만 다시 한 번 그 결정에 대만족이라는 듯이 크게 웃으며 악수를 청했다.

"김 작가님, 잘 부탁합니다!"

"저야말로 잘 부탁드려요."

은혜가 멋쩍게 웃으며 대답했다.

"김 작가님이 알아서 잘하시겠지만 미리 말씀드리면요.

언제든 드라마가 쓰고 싶으면 말씀하세요.

학원일 접을 때처럼 역시 출판사 일도 내 길이 아니다, 다시 드라마를 써야겠다, 이런 생각이 들면 바로 보내드릴 테니까 조금도 염려마시라고요.

그러니까 제가 하고 싶은 말은, 여기서 지내면서 김 작가님의 인생에 대해서 충분히 구상하고 수정하고, 다시금 설계해도 좋다!

이런 얘깁니다. 이해되셨죠?"

출판사 사장의 이런 배려에 은혜는 몸 둘 바를 모를 지경이었다. 왠지 지난 10년의 세월을 보상 받는 듯한 느낌이 들었다. 이제야 누군가 나를 알아봐주는 것 같았다. 그때 출판사 사장이 사무실로 걸려온 한 통의 전화를 받더니 이내 밝은 표정으로 은혜에게 다가왔다.

"지난번 김 작가님이 강릉 가서 만나고 온 송 사장님 전화예요!"

"네, 그런데 무슨?"

"김 작가님이 던지고 간 질문 하나가 마음에 걸려서 내내 힘드

셨대요."

이 말의 뜻을 제대로 파악하지 못한 은혜가 고개를 갸우뚱거리자 출판사 사장이 바로 말을 이어갔다.

"은퇴 이후의 삶에 대해서 여쭤봤었다면서요?
그때 제대로 대답을 못해서 찜찜했다고 하시더라고요."

이번 책의 콘셉트를 수정하자고 제안한 것은 그 질문에서부터 비롯된 것이었음을 은혜는 떠올렸다. 잠시 후 출판사 사장의 얘기를 들어보니 송 사장님의 얘기는 이러했다.

아들에게 물려주기로 한 회사를 미련 없이 깔끔하게 잘 마무리 짓고 더 이상 일에 욕심을 내기보다는 한평생 자신을 위해 헌신해 온 아내와 함께 여행을 다니기로 했다는 것이다. 함께 여행을 다니면서 여행지에서 사진을 찍는 게 아니라, 그 풍경을 배경으로 아내의 모습을 그때그때 그림으로 그리겠다, 세상에 하나밖에 없는 그림. 바로 그 그림을 가장 사랑하고 고생 많이 한 아내한테 선물하고, 후손들에게도 가보로 물려주겠다는 것이다.

이 얘기를 들은 은혜는 잠깐 눈을 감고 기도했다. 부디 송 사장님이 그 뜻을 이루시기를…….

송 사장님은 은혜가 인터뷰어가 되어 만난 첫 번째 인물이었고 게다가 인터뷰어 역할을 잘 수행한 결과, 출판사에서 뜻밖에 새로운 인생을 경험하게끔 장을 열어준 인물이기도 했기 때문이다.

"김 작가님, 눈 감고 뭐하세요?"

출판사 사장의 말에 은혜는 감은 눈을 얼른 떴다. 그러자 조금 전의 세상과는 사뭇 다른 느낌이 들었다. 이제는 왠지 세상을 다른 자세로 바라볼 수 있을 것 같았다. 그런 은혜의 마음을 읽었는지 출판사 사장은 은혜를 향해 큰 소리로 말했다.

"김 작가님! '내가 만난 장인들',
　오늘은 제빵회사 유 사장님 인터뷰 있어요. 준비해주세요!"

모처럼 일다운 일을 한다는 생각이 들자 은혜는 마음이 가벼워졌다. 언제 다시 꿈틀거리며 솟아오를지 모를 드라마 작가의 꿈을 가슴 한편에 잘 모셔놓은 채 은혜는 씩씩하게 인터뷰 장소로 향했다.

부록
# 창업을 넘어 수성에 이르는 길

## 가족기업의 정의와 특성

가족기업(family business, family-owned business, family-controlled business, family firm, family enterprise)이라는 개념은 아직 통일된 견해 없이 국가나 학자에 따라 조금씩 다르게 정의하고 있다.

가족기업의 정의는 여러 학자들에 의해 논의되었는데, 대표적인 것으로 영국의 웨스트헤드 등(Westhead and Cowling, 1998: 34)이 주장한 네 가지 기준이 있다. 첫째, 단일 지배가족이 해당기업의 소유권(owner)을 50% 이상 갖고 있는가(Donckel and Frohlich, 1991; Cromie, et al., 1995), 둘째, 친인척집단이 해당기업을 가족기업으로 인정(Perception)하는가(Gasson, et al., 1998; Ram and Holliday, 1993), 셋째, 기업이 단일 지배가족의 구성원에 의해 경영(Management)되는

가(Daily and Dollinger, 1992; 1993), 마지막으로, 기업을 소유한 단일 지배가족의 구성원들이 2세대 혹은 그 이상의 세대로 세대 간 소유권 승계이전(Intergenerational Ownership Transition)을 경험한 기업인가(Gasson, et al., 1998) 등의 기준이다. 대부분의 학자들은 가족기업을 단일 기준보다는 위의 네 가지 기준을 적당히 혼합한 복합기준을 적용하여 정의한다(Fletcher, 2002: 20). 또 다른 정의로 애스트라켄(Astrachan, 2007: 3)은 가족이 사업의 전략적 방향을 결정하고 효과적으로 통제하고 있으며, 가족이 사업을 통해 부의 창출 및 가족기업의 정체성 확보에 많은 기여를 하고 있는 경우 가족기업으로 볼 수 있다고 한다.

국내에서 논의된 가족기업의 개념을 보면, 먼저 신유근(1984: 251)은 가족이 기업의 정책, 자본, 수익, 주주의 지분, 운영 등을 통제하는 기업으로 정의내리고 있다. 곽수일(1990: 101~108)은 가족기업을 협의의 개념으로 정의하여 소기업과 동의어로 여기며, 30인 이하의 종업원을 가진 중소기업 중에서 그 소유형태가 개인소유의 형태를 띠고, 또 기업목적이 이윤의 극대화라기보다는 소유주의 일상생활의 필요를 충족시키는 데 머물고 있는 기업을 가족기업이라 칭하고 있다. 또한 조창배(2008)는 국내 가족기업의 효율적 경영을 위한 진단 및 평가 도구를 적용할 대상기업 차원에서 "최대주주 및 특수관계인 1인 이상이 기업의 지분을 소유하고 경영에 참가하고 있으며, 가족이 기업의 전략계획에 영향을 미치는 기업"으로 정의했다.

가족기업이란 가족과 기업이라는 두 단어의 결합어로 가족과 기업이 합치된 복합적인 시스템이라고 할 수 있다. 가족과 기업의 사전적 의미를 살펴보면 그 복합성을 짐작할 수 있는데, 가족은 '부부를 중핵으로 그 근친인 혈연자가 주거를 같이 하는 생활공동체'를 말하고, 기업은 '생산수단의 소유와 노동의 분리를 기초로 이윤의 획득을 목적으로 운용하는 자본의 조직단위'를 말한다. 즉, 가족은 혈연관계, 그리고 그 속에 내재된 사랑이 그 근본 속성인 반면, 기업은 철저하게 이윤의 획득을 목적으로 조직되고 활동하는 단위이다. 이렇게 근본적으로 대립되는 특성을 가진 결합체로서 두 가지 양면성을 복합적으로 가지고 있는 것이 가족기업이다. 따라서 가족기업은 비가족기업에 비해 승계나 갈등 같은 다른 문제를 가지고 있고, 따라서 비가족기업과는 차별된 독특한 경영관리 활동이 필요하다.

## 가족기업의 역할

가족기업은 경제적·사회적으로 중요한 역할을 수행하는데, 가족기업이 경제에 끼치는 영향력은 나라마다 다소 다르나 그 역할은 실로 막대하다. 가족기업은 부의 생성, 고용창출, 그리고 경쟁력 제고와 같은 주요한 공헌을 하며(Westhead and Cowling, 1998: 34), 한 나라의 안정과 튼튼한 경제에도 결정적인 역할을 수행한다(Ibrahim and Ellis, 1994: 124). 이러한 가족기업은 미국의 경우 전체 기업의 92%를 차지하고 있고(Lank, 1994: 3~9), 영국은 전체 기업의 70% 이상을 차지하며(Bellet, et al., 1998), 독일의 가족기업은 노동력의 75%, GDP의 66%를 차지하고, 스페인은 전체 기업의 71%, 특히 100대 기업 가운데도 17%가 가족기업으로 알려져 있다(남영호, 1999: 3~29). 이와 같이 가족기업은 한 나라의 경제에서 차지하는 위상이 막강하므로 가족기업의 생존은 그 나라 경제의 근간이라 해도 과언이 아니다.

가족기업의 사회적인 역할 역시 중요하게 여겨지고 있다. 노박(Novak, 1983: 6~8)과 제피(Jaffe, 1991) 등은 "미국 경제와 사회를 구축하는 기초는 바로 기업을 창설하고 통제하고 운영하는 가족이다"라고 역설한 바 있다. 가족기업의 지역사회에 대한 역할도 중요하게 대두되고 있다. 벨렛(Bellet, 1998) 등은 가족기업의 창업자와 그 후계자는 가족과 지역사회의 유지를 위해 고도로 강한 책임감을 갖고 있다고 주장했다. 왜냐하면 가족은 안전한 사회를 구축하는 주춧돌이며 가족기업 역시 튼튼한 경제를 형성하는 데 중요한 역할을 하기 때문이다.

　가족기업은 이렇게 국가와 가족의 경제적 차원에서 뿐만 아니라 사회적 역할에서도 매우 중요한 비중을 차지한다고 많은 학자들이 지적하고 있다. 따라서 가족기업을 지속적으로 육성하고 성장하도록 도우며, 국가적으로도 가족기업이 탄생, 성장, 발전할 수 있는 체계적 시스템을 갖추는 것은 매우 중요한 일이다.

## 가족기업의 장·단점과 문제

　가족기업이 갖는 독특한 특성으로 인해 가족기업은 비가족기업에서 찾아볼 수 없는 다양한 장·단점을 가지고 있다. 먼저 가족기업이 갖는 장점으로는 장기적 안목의 투자와 급변하는 환경에 대응하는 신속한 의사결정, 그리고 도전정신을 들 수 있다. 실제 예를 들어보면, 일본의 불사신 가업형 기업이나 ≪포천 500(Fortune 500)≫에 선정된 S&P의 40% 이상이 가족기업인 미국 등에서는 가족기업이 오히려 장기적인 투자에서 성과가 좋다고 한다.

　또한 가족기업은 가족 고유의 가치관을 중시할 뿐만 아니라 멀리 내다보는 시각을 갖고 있는 경향이 많다. 변화에 순발력 있게 대응할 줄 알며, 회계 처리에는 보수적이나 사업에 대해서는 남다

〈표 1〉 가족기업의 장·단점

| 장점 | 단점 |
| --- | --- |
| ① 장기지향적<br>② 행동이 훨씬 독립적<br>　• 주식시장으로부터 압력이 적음<br>　• 위험의 양도가 적음<br>③ 자부심의 근원으로서 가족문화<br>　• 안정성<br>　• 뚜렷한 정체성 / 관여 / 모티베이션<br>　• 연속적인 리더십<br>④ 어려울 때 회복력이 큼<br>　• 이익을 기꺼이 회복하려 함<br>⑤ 덜 관료적임<br>　• 융통성이 큼<br>　• 재빠른 의사결정<br>⑥ 재무적 이익<br>　• 대성할 가능성이 큼<br>⑦ 기업을 보다 잘 이해<br>　• 가족구성원에 대한 조기 교육 | ① 자본시장에의 접근이 적어 성장을 저해<br>　할 수 있음<br>② 조직이 혼란스러움<br>　• 혼란스러운 구조<br>　• 명확하지 않은 직무의 배분<br>③ 네포티즘<br>　• 경영자로 적합하지 않은 가족구성원의<br>　　허용<br>　• 불공평한 보수체계<br>　• 매력적인 전문관리의 도입이 어려움<br>④ 버릇없는 자녀의 신드롬<br>⑤ 내분으로 인한 다툼<br>　• 가족분쟁이 기업으로 흘러듦<br>⑥ 온정주의 / 독재주의의 규칙<br>　• 변화에 대한 저항<br>　• 비밀<br>　• 의존적인 개성의 유인<br>⑦ 재무적인 위험<br>　• 회사 돈만 축내는 가족구성원<br>　• 공헌과 보상의 불균형<br>⑧ 승계의 문제 |

자료: Kets de Vries(1993: 314).

른 정열을 갖고 있다(주덕영, 2007: 11).

　가족기업의 단점으로는 가족과 기업의 분리가 어렵고 환경의 적응이 느리다는 점, 가족 간의 불화, 재무문제를 비롯해서 상속·증여세 강화 등 제도적인 측면으로 인한 가족 내 승계문제까지 다양하다. 가족기업의 장점과 단점을 비교하면 <표 1>과 같다.

　가족기업은 이러한 장점과 단점 이외에 가족기업만이 갖는 특

〈표 2〉 가족기업에서 자주 나타나는 내·외부 문제

| 가족 내부 | 가족 외부 |
|---|---|
| 가족 경영자 | 종업원 |
| • 기업 지배(통제)의 유지문제<br>• 후계자 선정문제<br>• 가족투자의 지속문제와 개입문제<br>• 동태성 구축(가족그룹형성)문제<br>• 경쟁문제 | • 충성도에 대한 보상문제<br>• 성장, 성공, 발전의 배분문제<br>• 전문적인 직업관문제<br>• 가족승계의 연결문제<br>• 이해관계자로서의 지분문제 |
| 친족 관계자 | 외부 이해관계자 |
| • 소득과 상속문제<br>• 가족 간 갈등문제<br>• 기업에의 관여 정도 문제 | • 보수<br>• 시장, 제품, 공급, 기술의 영향문제<br>• 세금 관계 문제<br>• 이해관계기관과의 관계<br>• 경영실제의 추세 |

자료: Barnes and Hershon(1976: 108).

성 때문에 여러 가지 도전을 받고 있다. 이를 구체적으로 살펴보면, 첫째, 일반적으로 많은 가족기업은 개인 기업이며 소규모이다. 따라서 대규모 기업에 비해 자금능력이나 경영의 전문성이 부족하여 타 기업에 매각되는 경우가 흔하게 나타나고 있다. 둘째, 가족 자체가 걸림돌이 될 수 있다. 보통 가족기업이 일정 규모 이상 클 경우 가족기업에서 발생하는 이익을 가족기업 자체에 재투자하기보다는 이익을 수확하여 가족구성원끼리 나눠가지려는 경향이 강하다. 나아가 형제간이나 세대 간의 경쟁, 일(work)과 가정(home)이 뒤섞여 자존심이나 질투심 같은 인간적인 감정이 격화될 때는 문제가 더 커질 수 있다. 셋째, 일반적으로 가족기업은 승계

계획, 전략계획, 갈등관리, 그리고 가족 자체의 계획 등 다양한 문제에 봉착하게 된다. 따라서 많은 가족기업의 구성원들은 가족기업의 미래에 대한 명확한 개념적 프레임워크가 결핍되어 어려움에 직면하곤 한다(Aronoff and Ward, 1996; family enterprise center, 1998).

가족기업은 가족기업이라는 특성 때문에 이렇게 여러 가지 도전에 직면하게 되는 반면, 다른 기업 형태에서 발견할 수 없는 강점도 가지고 있다. 영국의 《파이낸셜타임스(Financial Times)》는 "Family Still Has Role To Play"(2010.8.4)라는 기사에서 2008년 이후 전 세계를 강타한 금융위기의 회복과정을 거치면서 기업 성과를 분석한 결과 가족기업이 글로벌 경쟁력을 확보할 수 있는 기업 형태로 인식되고 있다는 보도를 했다. 이에 대해 영미식 지배구조(Englo-American governance)를 가진 기업들은 2008년 이후 좋은 성적을 내지 못하고 있지만, 가족기업은 오너 경영인이 장기적인 관점에서 기업의 안정성을 챙기고 감독할 수 있기 때문이라고 분석했다. 이는 가족기업이 가지고 있는 장점을 종합적으로 잘 보여주는 지적이다. 또한 크레딧 스위스(Credit Suisse)의 자회사인 크레딧 스위스 이머징 마켓 리서치 인스티튜트(The Credit Suisse Emerging Markets Research Institute)는 2011년 「아시아 가족기업 경영보고서(Asian Family Businesses Report 2011)」를 발표했는데, 2000년에서

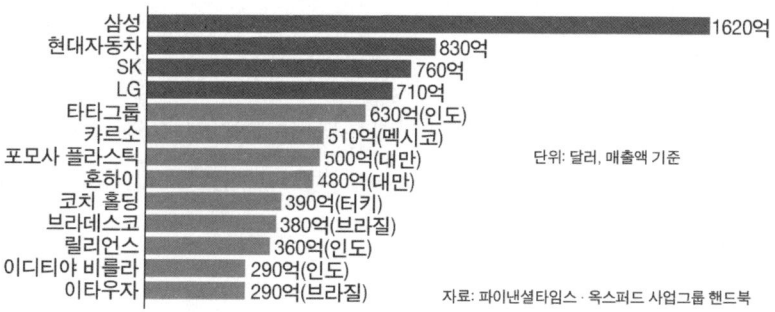

〈그림 1〉 세계 주요 가족기업

단위: 달러, 매출액 기준

2010년까지 아시아에 있는 가족기업의 주가 상승률은 각국 시장의 주가 상승률보다 높다고 한다. 특히, 중국, 말레이시아, 싱가포르, 한국에 있는 가족기업의 수익률이 높았는데, 그 이유를 가족기업의 특성에서 찾았다. 즉, "가족소유권이 기업에 중요한 안정성과 소유권 및 경영 구조의 지속성을 제공해 장기적 기업 가치를 극대화하는 장기투자 전략을 실현할 수 있기 때문에 단기적 성과를 거의 강조하지 않는다"고 하면서 "지나치게 단기적인 관점은 무형 투자에 대한 전략적 투자에 방해가 될 수 있다"고 지적했다(≪이투데이≫, 2011.11.1). 이러한 지적은 가족기업의 특성이 기업의 계속적인 성장에 중요한 동력이 되고 있음을 밝히는 것이다.

## 국내외 가족기업 현황

우리나라 가족기업의 현황을 알기 위해서는 현재 활동 중인 가족기업의 수를 파악하는 것에서부터 시작해야 할 것이다. 하지만 국내에서 기업 활동을 하는 가족기업의 수에 대해 정확히 조사된 연구는 많지 않다. 박기동(1981)의 조사에 의하면 우리나라 전체 제조업의 85.4%가 가족기업이며, 남영호·문성주(2007)에 의하면 우리나라 거래소 상장기업 연 3,177사 중 2,293사가 가족기업(72.18%)이고 코스닥 상장기업 연 3,057사 중 1,962사가 가족기업(64.18%)으로 나타나 이를 종합하면 총 6,234사 중 4,255사, 즉 68.25%가 가족기업이라고 한다. 가족기업이 국내 경제에서 차지하는 비중 또한 매우 높을 것으로 추정되나 이 또한 연구된 자료가 거의 없는 실정이고, 다만 앞서 살펴본 대로 미국의 경우(전체 노동력의 59%, 신규 직업창출의 78%, GDP의 49%를 가족기업이 차지; Shanker and Astrachan, 1996)를 보면 우리나라 가족기업도 국가경제에서 차지하는 비중이 상당히 높을 것으로 짐작된다.

가족기업을 기업 규모와 형태에 따라 분류하면, 소가족기업(small family business), 중가족기업(medium family business), 대가족기업(large family business)으로 구분할 수 있다. 소가족기업(small family business)은 규모가 비교적 작은 소상공인이나 소기업을, 중가족기업(medium family business)은 중기업이나 중견기업을, 대가족기업(large family business)은 재벌이나 대기업 규모의 가족기업을 말한다(남영호·박근서, 2006).

## 장수기업과 가족기업

기업 경영환경이 갈수록 복잡해지고 빠르게 변하면서 어려운 환경 속에서 생존하지 못하고 도태되는 기업이 늘어나고 있다. 환경 악화의 영향으로 기업의 수명이 점점 더 단축되고 있는데 미국 S&P 500대 기업의 평균 수명을 분석한 매킨지 컨설팅사의 연구결과에 따르면 S&P 500대 기업에 머무는 기간도 점점 더 짧아지고 있다고 한다.

이처럼 기업의 수명이 단축되고 있어 장수기업이 되는 것이 점점 더 어려워지고 있지만 일단 장수기업이 되면 성과도 좋아지는 것으로 보고되고 있다. 앞서 매킨지 컨설팅사의 보고서를 인용한 대한상공회의소의 연구자료(2006)에 의하면 장수기업일수록 경영실적이 좋다고 한다. 기업연령별 순이익률을 보면 10세 미만은 높고, 20~30세에는 낮고, 다시 30~40세부터 상승하는 스마일형으로 나타나고 있다. 장수기업일수록 경영성과가 좋아지는 이유

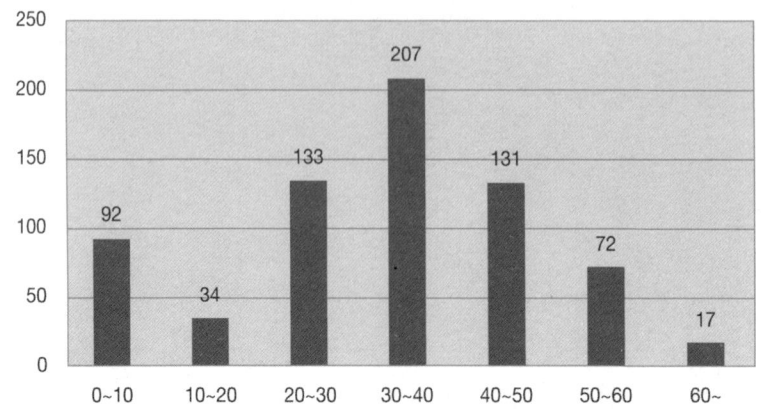

〈그림 2〉 상장기업 연령 분포

자료: 대한상공회의소(2006).

는 장수기업이 되기 위해 수많은 어려움을 극복하는 과정에서 체질이 강화되어 질 높은 성과를 유지할 수 있게 되기 때문이라고 설명할 수 있다.

장수기업은 곧 일류 기업을 의미하는데 우리나라의 장수기업 현황은 매우 미미한 실정이다. 100년 이상 된 기업은 두산과 동아약품 단 두 곳뿐이며(2005년 말 기준) 우리나라 상장사 가운데 60년 이상 된 기업도 17개뿐이다. 일본의 경우 200년 이상 된 가족기업이 5만여 개로 알려져 있는데 우리의 현실과 대조를 이룬다. 우리나라의 경우 2005년 기준으로 상장기업의 기업연령 분포도를 살펴보면 <그림 2>와 같다.

해외의 우수 장수기업들은 대부분 가족기업인 경우가 많다. 프랑스에 본부를 둔 레제노끼앙이란 가족기업 모임은 모두 기업연령이 200년 이상 된 기업들이다. 여기에 회원사를 보유한 나라들은 영국, 프랑스, 이탈리아, 일본 등 모두 선진국들이다. 가족기업이 기업시스템으로서 갖는 장점에 장수기업으로 가는 DNA를 보유하고 있음을 보여주는 것인데, 최근 장수기업에 대한 관심이 증가하면서 가족기업이 육성되어야 하는 또 다른 중요한 근거가 되고 있다.

## 가족기업에 대한 인식

우리나라에서 가족기업에 대한 인식은 그간 부정적이었다. 하지만 이제는 가족기업을 기업의 한 형태로서 다양한 모습으로 인식하기 시작하면서 가족기업을 바라보는 관점도 달라져야 된다는 의견이 많이 대두하고 있다. <그림 3>에서 보는 바와 같이 가족기업이 주는 긍정적 인식은 신속한 의사결정, 책임 있는 주인의식을 가지고 경영에 참여하는 것 등이나, 반면에 부정적인 측면은 유산분쟁, 황혼이혼, 재산분할 등 부의 세습으로 나타나는 면과 황제경영, 가족전횡 등 족벌 폐쇄조직으로 인식되는 면이 있다.

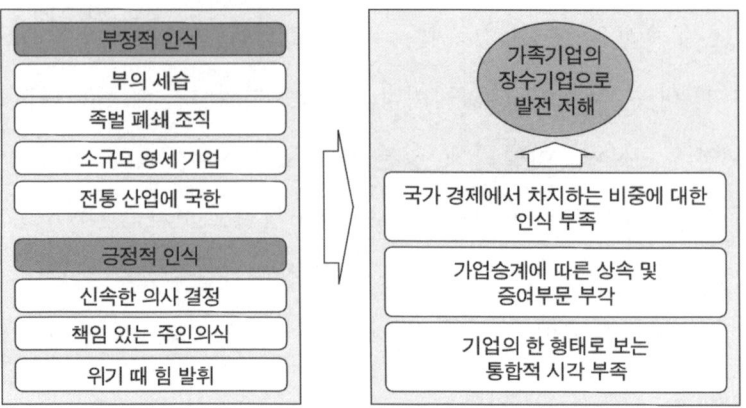

〈그림 3〉 가족기업에 대한 국내 인식

　　가족기업에 대한 또 다른 인식은 가족기업을 소규모 가내수공업 형태의 기업으로 한정하는 것이다. 지금까지 가족기업의 대상을 가업으로 이어오는 소가족기업 중심의 전통산업으로 인식하는 경향이 있었다. 이 때문에 가족기업을 기업이라는 전체적이고 통합된 관점으로 바라보지 않고 가업승계에 따른 상속·증여 관련 부문만을 부각하여 조세와 관련한 지원 위주로 접근하는 경향이 있는데 이러한 부문에 초점을 맞춘 인식도 적절하지 않을 것이다.

　　이렇게 가족기업에 대한 인식이 제한적이다 보니 서구의 선진국에 비해 다양한 학제적 연구 및 프로그램 개발이나 강의 개설, 관련 연구 및 저서가 극히 일부에 한정되어 있다(조창배·이철규·남영호, 2008).

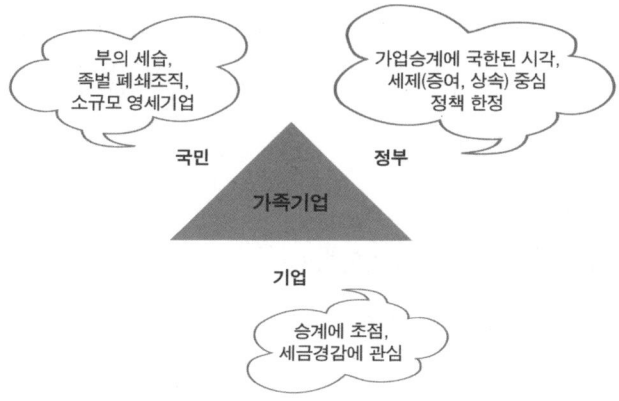

〈그림 4〉 가족기업 관련 주체별 가족기업에 대한 인식

　　가족기업에 대한 인식은 부정적·긍정적 인식 이외에 가족기업 관련 주체별로 상이한 면이 있다. 즉, 국민은 가족기업에 대해 앞서 지적한 부정적 인식이 강하고 기업은 가족기업이라 하면 오직 승계에 대한 것과 승계 시 부담이 되는 상속·증여세의 감면에만 관심이 있다. 또, 가족기업 관련 정책을 담당하는 행정기관에서는 가업승계와 관련된 세제에 한정하여 관심을 가지고 정책을 기획하고 있는 것처럼 보인다. 가업의 승계와 관련해서 중소, 중견기업에 많은 세금 부담이 있는 것이 현실이나, 살펴본 대로 가업승계와 세금문제는 가족기업이 당면하는 많은 문제들 가운데 일부분으로 그 밖에도 중요하게 다루어져야 할 다른 많은 부분들이 있는 것이 사실이다.

선진국에서의 가족기업에 대한 인식은 우리와는 사뭇 다르다. 가족기업을 경쟁력 있는 기업의 한 형태로 인식(Shanker and Astrachan, 1996: 107~123 외 다수)하고 이에 대한 연구가 비교적 활발하게 이루어지고 있는데, 이러한 몇몇 연구 결과를 살펴보면 가족기업은 비가족기업에 비해 다른 장단점과 시스템을 이루고 있어 이를 극복하기 위해서는 일반기업이 겪는 애로사항 이외의 문제에도 관심을 가져야 한다(Family Enterprise Center, 1998)고 주장한다. 따라서 가족기업을 이해하고 컨설팅하는 데 일반기업 경영의 프레임워크로 접근하는 것은 한계가 있다고 지적한다. 또, 가족기업은 경영학적 문제뿐만 아니라 심리적·감정적 문제가 동시에 공존하므로 전문화된 접근방법이 필요하다는 의견도 제시되고 있다 (Hilburt-Davis, 2003).

## 국내 가족기업 컨설팅 현황

### 1. 가족기업 컨설팅에 대한 학문적 이해

가족기업에 대한 인식의 확산과 가족기업의 독특한 특성, 산업화 50년 이후 경영자의 고령화 및 승계대상 기업의 급속한 증가로 인해 가족기업 컨설팅에 대한 요구는 그 어느 때보다 많다. 그렇지만 아직까지 국내에서 가족기업 컨설팅에 대한 정확한 이해 및 체계적인 접근은 많이 부족하며 분야별 코칭 수준에 그치고 있다.

스틸(Steele, 1975: 3)에 의하면, 경영컨설팅이란 "과제의 내용, 프로세스, 구조에 관한 책임을 맡아 이를 수행하는 사람들에게 과제 수행에 대한 실제적인 책임을 갖고 있지 않은 컨설턴트가 컨설팅 프로세스에 따라 도움을 제공하는 것"이다. 또 그레이너와 메츠거(Greiner and Metzger, 1983: 7)는 "경영컨설팅이란 특별한 훈련을 통해 일정한 자격을 갖춘 사람들이 고객과의 계약에 따라 독립적이고 객관적인 태도로 고객조직이 경영상의 문제들을 확인·분석하는 것을 도와주고, 이러한 문제들에 대한 해결안을 고객에게 추천하는 것이다. 또한 고객이 이러한 해결안의 실행에 대해 도움을 요청했을 때 도움을 제공하는 어드바이스 서비스이다"라고 정의한다. 이 두 가지 정의는 서로 상충되는 듯하지만 결국은 서로 보완적인 형태를 띤다고 볼 수 있고, 이러한 서로 다른 관점에서의 정의는 경영컨설팅에 대해 좀 더 심도 있는 이해를 하도록 도와준다.

앞서 국내외 가족기업에 대한 인식을 살펴보면서 가족기업과 정부는 가업승계와 세제와 관련한 부분에 관심이 국한되었다는 지적을 했다. 그러나 가족기업에 대한 연구 내용들을 살펴보면 상속·증여와 관련된 세금문제 이외에 가족기업에서 다루어져야 할

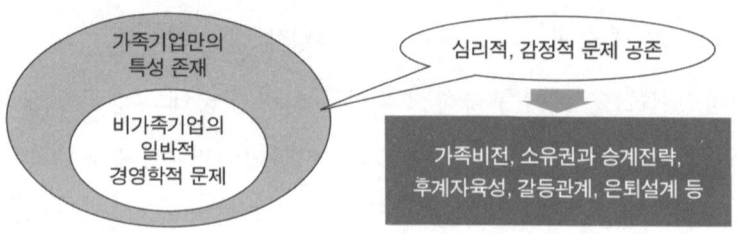

〈그림 5〉 가족기업의 특성과 가족기업 컨설팅의 필요

많은 내용들이 있음을 알 수 있다.

가족기업은 비가족기업이 갖고 있는 경영 일반의 문제점 이외에 추가적인 과제들이 주어지며 이에 따라 세부적인 계획과 준비가 필요하다. 가족기업 연구 기관인 Family Enterprise Center에서는 가족기업은 가족계획, 승계계획과 소유권, 전략적 계획, 갈등관리 등이 필요하다고 주장했고, 국내에서는 가족계획, 승계계획, 전략계획, 재무계획, 지배구조, 후계자육성, 은퇴설계, 갈등관리가 가족기업 컨설팅에서 다루어져야 할 내용으로 제기되었다(조창배, 2008). 또한 컨설팅 방법에 있어서도 가족기업은 경영학적 문제뿐만 아니라 심리적·감정적 문제가 동시에 공존하므로 전문화된 접근방법이 필요하고, 컨설팅 프로세스 측면에서도 가족기업의 문제 해결을 위한 컨설팅은 기존의 컨설팅 프로세스와 다르므로 전문 인력에 의해 준비되고 진행되어야 한다(Hilburt-Davis, 2003).

이와 같이 일반적으로 가족기업에 대한 경영지원은 비가족기업이 갖는 일반 경영문제(재무, 회계, 인사, 조직, 전략 등)를 포함하여 가족기업만이 갖는 특성(승계, 가족계획, 후계자육성, 갈등관리 등)까지 포함하므로 이러한 분야에 전문화되고 통합적인 컨설팅과 교육이 적절하게 수행되어야만 가족기업이 직면하는 많은 도전들을 극복할 수 있도록 도울 수 있다.

가족기업과 비가족기업이 본질적으로 상당한 차이를 보이고 있는 것처럼 가족기업에 대한 컨설팅과 비가족기업에 대한 컨설팅은 그 내용, 방법, 컨설턴트 측면에서 많이 다를 수밖에 없다. 국가 경제에 중요한 영향을 미치는 가족기업이 우수 장수기업으로 성장할 수 있도록 가업승계만을 강조하기보다는 가족, 전문경영인, 제3자 등에 대해 가족기업의 영속을 위한 좀 더 균형 잡히고 종합적인 관점에서의 컨설팅 방법론과 교육프로그램이 개발되고 진행되어야 한다.

## 2. 가족기업 컨설팅 서비스

현재 국내에서 진행되고 있는 가족기업을 대상으로 하는 컨설팅은 크게 중소기업청 산하 가업승계지원센터의 컨설팅 서비스, 중소기업청에서 주관하고 있는 쿠폰제 컨설팅, 은행 등 다양한 금융기관에서 실시하고 있는 컨설팅 서비스 그리고 가족기업 전문 컨설팅 회사가 제공하는 컨설팅 서비스가 있다.

1) 가업승계지원센터의 상담·컨설팅 서비스

중소기업의 성공적인 가업승계를 지원하여 중소기업이 지속적으로 성장할 수 있도록, 가업승계에 대한 제반 지원을 위해 설립된 중소기업청 산하 가업승계지원센터(www.successbiz.or.kr)에서는 중소기업의 가업상속에 따른 애로사항을 해소하기 위한 상담 및 컨설팅 서비스를 제공하고 있다. 상담이나 컨설팅을 희망하는 가족기업 관련자가 직접 방문하거나, 전화 또는 온라인상에서 요청하면 상담을 받거나, 시중 은행 컨설팅센터와 연결해준다.

상담 및 컨설팅의 주요 내용은 가업승계와 관련된 세무분야이며 세무사나 회계사와의 상담을 주선해주고, 가족기업의 요청 시에는 승계전략 수립, 경영진단, 조직개편, 경영혁신 프로그램 실행 등에 관해 은행의 컨설팅 센터를 활용하도록 도와준다. 홈페이지에 상담사례들을 모아 게시하여 예제 활용에 도움을 주기도 한다.

2) 중소기업청의 쿠폰제 컨설팅프로그램을 통한 컨설팅 서비스

쿠폰제 컨설팅은 중소기업이 직면하는 다양한 기술, 경영, 창업

상의 문제를 전문가의 진단 및 지도를 통해 해결함으로써 중소기업이 글로벌 경쟁력을 제고할 수 있게 하기 위해 중소기업청이 주관하여 실시하는 컨설팅 서비스이다. 쿠폰제 컨설팅의 컨설팅 분야는 크게 기술과제, 경영과제, 창업기술과제, 창업경영과제, 대행과제 등으로 구분되며(<표 3>), 가족기업 컨설팅 관련 내용은 경영과제 분야에 '가업승계' 테마가 있으나 컨설팅을 필요로 하

〈표 3〉 중소기업청의 컨설팅 지원 분야 및 내용

| | |
|---|---|
| 기술과제 | - 중소기업 현장에서 발생하는 다양한 어려움을 기술개발, 생산기술, 현장관리, 공장혁신, 원가개선 등의 컨설팅 지원을 통해 중소기업이 사업구조를 고도화함으로써 해결(뿌리산업 영위기업 우선 지원)<br>- 사업전환 승인 중소기업을 대상으로 신사업모델 기획, 신제품·신시장 개척, 신사업 공정개선, M&A 추진 등 컨설팅을 통해 성공적 사업전환 지원<br>- 국내 전문가가 해결하기 어려운 첨단 및 핵심기술에 대하여 미국, 일본, 유럽 등 선진국 기술전문가를 초청하여 컨설팅 지원<br>- 대기업(모기업) 협력하에 공동으로 협력기업에 대한 컨설팅을 실시하여 대기업(모기업)과 협력사의 글로벌 경쟁력 향상 및 동반성장 지원 |
| 경영과제 | - 재무전략, 노무·인사전략, 마케팅전략, 가업승계, 경영체계, 환경경영, 생산관리, 글로벌 경영전략 등 |
| 창업기술과제 | - 생산성 향상, R&D사업화, 공정관리, 사업전환, 재무전략, 노무·인사전략, 마케팅전략, 가업승계, 글로벌 경영전략, 사업화 등 |
| 창업경영과제 | - 생산성 향상, R&D사업화, 공정관리, 사업전환, 재무전략, 노무·인사전략, 마케팅전략, 가업승계, 글로벌 경영전략, 사업화 등 |
| 대행과제 | - 창업절차 대행, 공장설립 대행, 사업타당성 검토<br>(상기 열거과제 연계지원) |

자료: 중소기업 컨설팅지원사업 홈페이지, http://www.smbacon.go.kr/

는 가족기업이나 컨설팅 수행기관에 대한 홍보가 미흡하여 그 수행 실적이 매우 미미하다.

3) 금융기관에 의한 컨설팅 서비스

국내의 다양한 금융기관들도 가족기업과 관련한 컨설팅 서비스를 제공하고 있다. 은행 등 금융기관에서 장기적인 기업 고객들과의 관계 강화를 위해 중소기업 가업승계 컨설팅이란 이름으로 주로 진행하는데, 특히 중소기업들의 상속·증여세 부담을 줄여주기 위한 절세전략과 가업승계 과정의 안정적인 경영권 이양 모델 등을 무료로 상담해주고 있다. 언론에 의하면 은행의 가업승계 컨설팅 건수가 증가하고 있는 것으로 알려지고 있으며(《한국경제신문》, 2009.1.11; mbn, 2008.7.22; 《문화일보》, 2011.6.13.), 주요 금융기관의 가업승계 지원 사업은 <표 4>와 같다.

금융기관별로 시행 방법에 약간의 차이가 있으나, 대부분 변호사, 회계사 중심의 법률 및 세무 전문 인력과 컨설팅 전문인력으로 팀을 구성하여 가업승계에 관한 다양한 상담 서비스를 제공하고 있다. 그 가운데 기업은행은 국내 은행 중 최초로 가업승계 컨설팅을 시작(2005년)했으며, 가업승계 관련 컨설팅을 가장 활발하게 하고 있는 것으로 알려져 있다. 또한 건국대와 공동으로 차세

〈표 4〉 주요 금융기관 가업승계 관련 지원 서비스

| 구분 | 내용 |
|---|---|
| 기업은행 | 적정 승계 시기 및 방법 조언, 상속세 납부자금 대출, 후계자 대상 경영수업 프로그램 |
| 국민은행<br>(KB 와이즈컨설팅) | 가업상속 과세제도에 대한 소개, 원활한 가업승계 전략 등 |
| 신한은행 | 절세 방안 조언, 가업승계 관련 대출상품 검토 |
| 우리은행 | 세무 진단 및 절세 방안 조언. 승계 이후 경영 안정화 방안 컨설팅 |
| KDB생명<br>(상생지원센터) | 경영현안 진단, 성과관리, 기업승계 컨설팅 |

대 최고경영자 교육프로그램을 운영하기도 했다.

4) 가족기업 전문 컨설팅사의 가족기업 종합진단 컨설팅

가족기업 전문 컨설팅사는 현재까지는 그레파트너스(주)가 유일한 것으로 파악되고 있다. 그레파트너스(주)에서 진행하고 있는 가족기업 종합진단 컨설팅은 기업을 가족기업과 비가족기업으로 나누고 국내 가족기업이 당면한 다양한 문제 영역을 체계화하여 가족, 전문경영자, 제3자(M&A 및 구조조정)의 관점에서 컨설팅 서비스를 제공하고 있다.

그레파트너스(주)의 가족기업 종합진단 컨설팅은 독창적인 가

〈그림 6〉 Dr. Cho's FB Model에 의한 진단과 개선 프로젝트

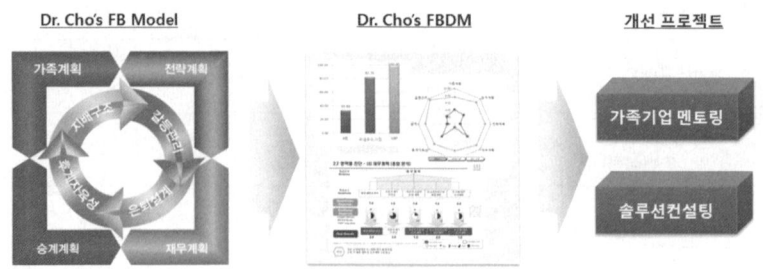

〈그림 7〉 Dr. Cho's FBDM에 의한 진단 결과(예시)

족기업경영모델인 Dr. Cho's FB Model(Dr. Cho's 가족기업경영모델)을 기반으로 가족기업진단모델(FBDM, Family Business Diagnostic Model)이 개발되어 적용된다는 점이 가장 큰 특징이다. Dr. Cho's FB Model은 지난 수년간 국내 가족기업이 겪었던 문제들을 관찰하고 학문적으로 연구된 가족기업의 주요 이슈들을 정리하여 8개의 영역으로 모듈화·체계화한 가족기업경영 통합 지식체계이다. 8대 영역을 모듈화하고, 40개의 knowledge, 128개의 small knowledge로 구성하여 가족기업 전 분야에 대한 지식체계를 제공하고 가족기업 경영에서 중요하게 다루어져야 할 관리항목들을 이해하게 한다. 가족기업진단모델(FBDM)은 이러한 지식체계를 바탕으로 8개 모듈별로 과학적이고 체계적인 진단이 가능하도록 설계되었다.

가족기업진단모델(Dr. Cho's FBDM)은 가족기업의 종합적인 수준을 계량화하여 나타내고, 모듈별로 개선과제에 대한 도출 과정을 과학적·시각적으로 표현해준다. 따라서 영역별 문제점에 대한 이해를 돕고, 각 문제점들에 대해 해결 방향성을 도출할 수 있다. 또한 개선과제를 수립하고, 수립된 우선순위에 따라 가족기업의 다양한 이슈들을 체계적이고 단계적으로 해결할 수 있도록 로드

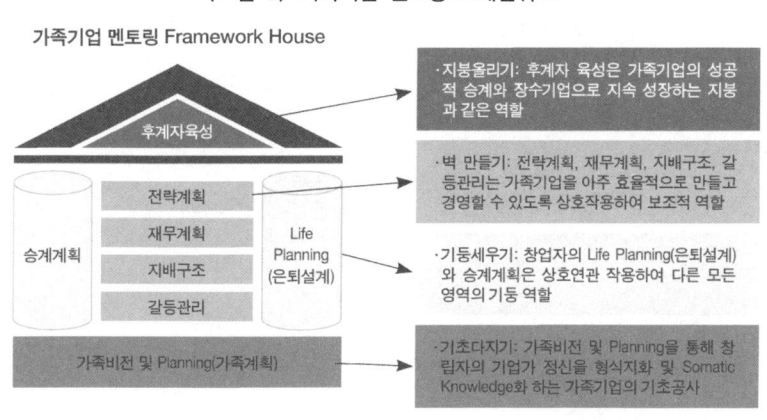

〈그림 8〉 가족기업 멘토링 프레임워크

〈그림 9〉 솔루션 컨설팅서비스

| 튼튼기업 승계 솔루션 | ·현황 분석을 통한 승계유형 결정<br>·차세대 CEO 선정을 위한 평가방안 및 육성 방안 수립 |
|---|---|
| 건강가족 SETUP 솔루션 | ·행복가족을 위한 가족 비전체계 수립<br>·체계적이고 가치 있는 은퇴계획 수립 |
| 백년대계 전략 솔루션 | ·지속적 성장 동력 확보를 위한 전략 방향성 도출<br>·전략실행을 위한 각종 전략과제 도출 |
| 행복기업 재무 솔루션 | ·재무상태 및 지배구조 건전화<br>·증여 상속에 대한 세무 방안 수립 |

(Dr. Cho's FBDM)

맵을 제공한다.

가족기업진단모델(Dr. Cho's FBDM)에 의한 진단결과로 도출된 개선 프로젝트는 가족기업 멘토링이나 분야별 세부적인 솔루션 컨설팅으로 진행된다. 가족기업 멘토링은 상시자문의 형태로 진행되는데 8개 분야에 대한 가족기업 멘토링 프레임워크 안에서 종합적·체계적인 연계성을 갖고 이루어진다.

솔루션 컨설팅 서비스는 승계 및 후계자육성, 가족계획과 은퇴설계, 전략계획, 재무계획 등 분야별로 제공하여 기업이 필요에 따라 선택적으로 활용하도록 하고 있다.

가족기업 컨설팅 서비스를 비교하면 <표 5>와 같다.

〈표 5〉 주요 가족기업 컨설팅 서비스의 비교

| 구분 | 가업승계지원센터 | 쿠폰제 컨설팅 | 금융기관 가업승계 컨설팅 | Dr. Cho's FB모델 |
|---|---|---|---|---|
| 주요 목적 | 중소기업의 가업승계지원 | 중소기업의 경쟁력 제고 | 중소기업의 상속·증여세 절감 | 가족기업의 장수기업 성장 |
| 대상 | 중소기업 | 중소기업 (주 지원 대상은 매출 50억 이하[1]) | 중소기업 | 중규모 가족기업 (매출100억~ 3,000억) |
| 내용 | 승계 관련 세무, 회계 상담, 승계 관련 컨설팅은 시중 은행 컨설팅센터 연계 | 재무전략, 노무·인사 전략, 마케팅 전략, 가업승계, 경영체계, 환경경영, 생산관리, 글로벌 경영전략 등 | 세무 진단 및 상속 증여 시 절세방안, 승계 이후 경영 안정화 방안, 승계 관련 자금 대출 | 8대 영역에 대한 종합적인 진단, 장수기업으로 성장 요인 구축, 가족기업 경영 모델에 의한 로드맵 수립, 효율적인 수성 |
| 기간 | – | 3~5개월 | 2주~3개월[2] | 3주~3개월[3] |
| 인력 | 세무, 회계사 중심 | 분야별 전문 경영 컨설턴트 중심 | 법률 및 세무 전문인력 중심 | 가족기업 전문 컨설턴트 중심 |
| 비용 | 무료 | 1,000만 원~ 2,700만 원 한도 내에서 정부 지원 55~65% | 기업 부담 실비 수준 | 500만 원~ 5,000만 원 |

주 1) 가업승계가 포함된 경영과제 분야에 한함. 자료: (사)한국경영·기술지도사회 홈페이지, http://www.kmtca.or.kr/Consulting/consulting03.html.
주 2) 은행별 서비스 내용에 따라 다름
주 3) 종합진단 컨설팅 소요기간은 3주, 처방 컨설팅의 경우 3개월 소요

## 국내 가족기업 교육 현황

가족기업의 교육에 대한 수요가 다양한 분야에서 제기되고 있지만, 국내에서 진행되고 있는 가족기업 관련 교육은 매우 제한되어 있다. 국내에서 진행되고 있거나 진행되었던 주요 가족기업 관련 교육을 보면 가업승계지원센터의 리더스 아카데미, 건국대학교와 기업은행에서 공동 주관한 KU-IBK 차세대 CEO 과정, 그레파트너스(주)의 가족기업 전문가과정과 가족기업 아카데미가 있다. 그 외 해당분야 교육으로 법무법인, 보험사, 은퇴설계회사, 세무법인 등에서 주제별 교육이 이루어지고 있다.

가업승계지원센터의 리더스 아카데미 과정은 정부 지원을 받는 과정으로서 단기과정인 가업승계 전략과정과 4개월 과정인 차세대 경영인 양성과정으로 구분하여 진행되고 있으며, KU-IBK 차세대 CEO 과정은 가업승계 예정자인 차세대 경영자를 위한 교육과정으로 2009년 4기까지 과정을 마쳤다. 그레파트너스(주)에서 진행하고 있는 교육과정은 가족기업 경영자 및 그 가족, 가족기업 종사자, 관련 관심자를 대상으로 하는 가족기업 아카데미와 가족기업 전문가를 양성하는 가족기업 전문가 과정으로 구분하여 진행되고 있다.

## 1. 가업승계지원센터의 리더스 아카데미

중소기업청 산하 가업승계지원센터에서 가업승계의 원활한 지원체계 구축의 일환으로 리더스 아카데미라는 경영후계자 교육을 실시하고 있다. 리더스 아카데미는 크게 가업승계 전략과정과 차세대 경영인 양성과정의 두 개로 운영되며 가업승계 전략과정은 무료로, 차세대 경영인 과정은 교육비의 최대 60%까지 지원된다. 가업승계 전략과정은 중소기업 CEO 및 경영후계자를 대상으로 2박3일간 강의와 워크숍으로 진행된다. 차세대 경영인 양성과정은 중소기업 2세 경영인 또는 경영후계자를 대상으로 약 4개월(주당 약 3.5시간) 동안 강의 및 워크숍, 해외연수 등으로 구성되어 진행된다.

〈표 6〉 리더스 아카데미 교육과정

| 구분 | 가업승계 전략과정 | 차세대 경영인 양성과정 |
| --- | --- | --- |
| 교육대상 | 중소기업 CEO 및 경영후계자 | 차세대 경영인 양성과정 |
| 교육기간 | 2박3일(합숙) | 약 4개월(주당 약 3.5시간) |
| 교육주기 | 연 2회(2011년)[주] | 2011년 11월 현재 6기 교육 중 |
| 과정구성 | 승계전략 관련 강의 및 워크숍 | 리더십 관련 강의 및 워크숍, 해외 연수 등 |
| 교육비 | 50만 원(전액보조) | 380만 원(최대 60%보조) |

주) 2009년 3월 시작 후 분기별로 실시했으나, 2011년에는 2월과 3월에 실시

2. KU-IBK 차세대 CEO 과정

KU-IBK 차세대 CEO과정은 건국대 벤처창업지원센터와 일반대학원 벤처전문기술학과, 기업은행 경제연구소가 공동으로 중소가족기업의 경영승계와 2세 경영자들의 경영역량 및 인적 네트워크의 강화를 위해 실시했다. 2008년부터 시작된 이 과정은 중소·벤처기업 2세 및 차세대 CEO와 중소·벤처기업 임원 및 중소가족기업 관련 분야 종사자를 대상으로 3개월 동안 주당 약 3시간씩 진행했고, 강사진은 건국대 교수진, 기업은행 경제연구소의 중소가족기업 전문가 등으로 구성했다.

교육과정은 크게 가업승계 전략, 가족기업 경영능력 강화, 차세대 CEO 역량강화와 관련된 강의 및 국내외 연수, CEO 특강 등으로 구성되었고, 2009년 12월 4기까지 진행되었다.

3. 가족기업 아카데미와 가족기업 전문가과정

그레파트너스(주)는 Dr. Cho's FB모델에서 제시된 지식체계를 바탕으로 가족기업에 대한 이해와 가족기업 경영자의 고민을 해결할 수 있는 가족기업 아카데미를 운영하고 있다. 교육대상 및 교육내용에 따라 기본과정, 차세대 CEO과정, 명품 CEO과정으로

〈표 7〉 가족기업 아카데미 개요

| 구분 | 기본과정 | 차세대 CEO과정 | 명품 CEO과정 |
|---|---|---|---|
| 대상 | 가족기업의 다양한 이해관계자 | 가족기업의 후계자 | 가족기업의 CEO |
| 기간 | 총 3~24시간(탄력적 운영 가능) | | |
| 구성 | 강의 및 워크숍 | | |
| 비용<sup>주)</sup> | 100만 원 | 200만 원 | 500만 원 |

주) 24시간 3일 동안 구성된 과정의 교육비로서, 시간의 조정에 따라 비용도 조정.

구분한다. 가족기업의 CEO 개인부터 기업에 이르는 가족기업의 전반적인 문제점에 대해 통합적인 관점에서 해결책을 제공하는 교육 프로그램이다. 가족기업 아카데미의 교육과정을 정리해보면 <표 7>과 같다.

각 과정은 모듈별로 강의 또는 워크숍 형태로 진행하고, 각 분야별 국내 전문가로 강사진이 구성된다. 각 과정은 총 24시간으로 3일 동안 진행되며, 고객 수준에 따라 교육내용, 교육일정, 시간, 장소 등을 다양하게 맞춤형 프로그램화하여 탄력적으로 운영한다.

그레파트너스(주)가 진행하는 또 다른 가족기업 교육과정으로 가족기업 전문가 양성과정이 있다. 가족기업 전문가란 가족기업에 대하여 체계적으로 이해하고, Dr. Cho's FB모델에 기반을 둔 전문적인 분석능력과 문제해결능력을 갖추어 가족기업의 지속성

〈그림 9〉 가족기업 전문가 체계

장을 지도할 수 있는 자를 말하며, 교육대상 및 조건에 따라 단계별 자격을 부여하는 전문가 과정이다.

가족기업 전문가과정의 교육 대상은 가족기업 컨설턴트, 코치, 강사 희망자, 가족기업 관련 전문직 종사자(교수, 변호사, 회계사, 세무사, PB, FP 등), 가족기업 경영자 및 가족구성원, 가족기업에 종사하는 전문경영인 등이며 전문가의 단계를 FBS(Family Business Specialist), FBP (Family Business Professional), FBM(Family Business Master)로 구분하고 있다.

FBS(Family Business Specialist) 자격자는 가족기업 경영모델을 기반으로 가족기업에 대한 기본적인 분석능력을 갖추었다는 것을 의미하며 가족기업 관련 컨설팅 프로젝트에 참여할 수 있는 전문지식을 습득한 자를 말한다.

FBP(Family Business Professional)는 가족기업 관련 컨설팅 프로젝트에 참여한 경력이 있는 자로서 가족기업에 대한 전문적인 분석

〈표 8〉 가족기업 전문가과정

| 구분 | FBS 과정 | FBP 과정 | FBM 과정 |
|---|---|---|---|
| 대상 | 가족기업에 대한 학습을 원하는 일반 컨설턴트, 가족기업 관련 전문직 종사자, PB, 재무설계사, 가족기업 경영자 및 가족구성원, 가족기업에 종사하는 전문경영인 등 | FBS과정 이수자가 1년 이상의 가족기업 컨설팅 경험과 두 개 이상의 가족기업 프로젝트 참여자 | FBP과정 이수자가 1년 이상의 가족기업 컨설팅 경험과 두 개 이상의 가족기업 프로젝트에 PM으로 참여자 |
| 교육시간 | 40시간 | 80시간 | 120시간 |
| 교육내용 | 가족기업에 대한 전반적인 이해 | 가족기업 주요 이슈 도출 | 가족기업 level-up을 위한 노하우 획득 |
| 구성 | 강의 및 워크숍 | | |
| 비용 | 250만 원 | 400만 원 | 500만 원 |

능력을 갖고 있으며, 프로젝트 매니저로서 컨설팅 수행 능력을 갖춘 자에게 부여한다.

　FBM(Family Business Master)은 가족기업 전문가의 최고 수준의 자격으로 가족기업의 수준을 업그레이드할 수 있는 종합적 능력을 가진 자를 의미한다. 각 자격 단계별 교육내용과 교육대상을 정리해보면 <표 8>과 같다. 각 과정은 분야별로 국내에서 가족기업 컨설팅 경험이 풍부한 전문 컨설턴트들에 의해 진행된다.

　그레파트너스(주)의 가족기업 교육과정들은 국내 유일의 가족기업 경영모델인 Dr. Cho's FB모델을 기초로 한 교육과정으로 커

<표 10> 국내 주요 가족기업 관련 교육 비교

| 구분 | 리더스 아카데미 | KU-IBK 차세대 CEO과정 | 가족기업 아카데미 | 가족기업 전문가과정 |
|---|---|---|---|---|
| 시행 기관 | 가업승계 지원센터 | 건국대, 기업은행 | 그레파트너스(주) | 그레파트너스(주) |
| 대상 | 중소기업 CEO, 차세대 경영 후계자 | 중소·벤처기업 2세 및 차세대 CEO, 중소·벤처 기업 임원 및 중소가족기업 관련 분야 종사자 | 가족기업 CEO, 가족기업의 차세대 경영 후계자, 가족기업 관련 임원 및 가족 | 가족기업 전문가 희망자(컨설턴트, 코치 등), 가족기업 관련 전문직종 사자(교수, 변호사, IB팀, 회계사, 세무사, PB 등) |
| 주요 교육 내용 | 승계전략, 리더십 역량, 해외 연수 등 | 가업승계 전략, 가족기업 경영 능력, 차세대 CEO 역량 | Dr. Cho's 가족기업 경영모델(가족기업 8대 영역) 가족기업 경영 시스템 | 가족기업에 대한 전반적인 이해, 가족기업 주요 이슈 도출 등 지도 및 피드백 |
| 기간 | 2박 3일 또는 4개월 | 4개월 | 3~24시간 | 40~120시간 |
| 비용 | 50만 원 ~380만 원[주1) | 520만 원 | 100만 원 ~500만 원[주2) | 250만 원 ~500만 원 |

주 1) 정부지원금을 포함한 비용으로 정부지원금은 60~100%까지 보조.
주 2) 교육시간 및 과정의 조정에 따라 차등하게 발생

리큘럼 편성이 세무, 회계 관련 내용뿐만이 아니라 가족기업의 다양한 이슈들을 체계화하여 교육과정으로 운영한다는 점에서 다른 교육과정과 다른 특징을 보이고 있다. 또한 가족기업 아카데미는 가족기업과 직접 관련이 있는 당사자들을 대상으로 하는 맞춤형 교육과정이라는 점이 차별화된 특징이고, 가족기업전문가 과정은

기초에서 최고수준의 전문가 레벨까지 단계적으로 자격을 구분하여 그에 맞는 교육과정을 구성했다는 점이 두드러진 점이다.

오늘날 우리 사회는 다양한 부문에서 투명성을 요구하고 있다. 인터넷 및 미디어 융합 등 다양한 소통 수단의 발달로 정보는 공유되고 관심과 감시가 끊임없이 이루어지고 있다. 이는 기업의 문제에 있어서도 예외가 아니다. 비상장사를 제외하고도 상장사의 약 70%를 차지하고 있는 우리나라의 가족기업 입장에서 보면 가족과 기업의 상호작용에서 나타나는 다양한 과제를 헤치고 나아가야 한다.

아울러 가족기업의 장점을 살리고 단점을 보완하여 경쟁력 있는 기업으로 성장·발전하기 위해서는 해당 기업과 정부가 먼저 이 분야에 많은 관심을 가져야 하고 다양한 영역에 대해 균형 있는 시각으로 접근해야 한다.

특히 중소, 중견기업의 CEO 중 60세 이상 비율이 점차 증가하고 있는 현 시점에서 고용창출, 세수의 지속적 확보, 기술과 영업의 원활한 승계를 통한 경쟁력 향상, 무에서 유를 창조하는 기업가 정신의 창조적 계승, 장수기업 DNA 육성 및 지속성장을 위한 수성의 중요성은 아무리 강조해도 지나치지 않을 것이다.

## 참고문헌

곽수일. 1990. 「가족경영형 소기업의 육성방향」. ≪財經春秋≫ 6, 통권 제70호.
남영호. 1999. 「기업가정신과 가족기업 : 연구영역 및 관련성을 중심으로」. ≪벤처경영연구≫, 제2권 1호, 한국중소기업학회.
남영호·문성주. 2007. 「가족기업의 성과에 관한 연구: 거래소 상장기업을 중심으로」. 대한경영학회.
_____. 2007. 「가족기업의 성과에 관한 연구: 코스닥 상장기업을 중심으로」. 중소기업학회.
남영호·박근서. 2006. 『가족기업론』. 청목출판사.
대한상공회의소. 2006. 「장수기업에서 배우는 지속성장 전략」.
박기동. 1981. 「한국 가족기업에 관한 연구」. 동아대학교 대학원 경영학과 박사학위논문.
신유근. 1984. 『한국기업의 특성과 과제』. 서울대학교 출판부.
조창배. 2008. 「가족기업의 컨설팅 모형설계 및 그 유용성에 관한 연구」. 건국대학교.
조창배·이철규·남영호. 2008. 「가족기업 컨설팅 모형설계에 관한 연구」. 2008 춘계학술대회. (사)한국경영컨설팅학회.
주덕영 옮김. 2007. 『세계장수 기업, 세기를 뛰어넘는 성공』. 예지.
Aronoff, C. E. and J. L. Ward. 1996. "Family Business Governance: Maximi zing family and business potential." *Family Business Leadership Series*, No. 8, Marietta, GA: Business Owner Resources.
Astrachan, Joseph H. 2007. "Protecting the Critical Economic and Social importance of Family Business." 기업승계를 통한 중소기업 경쟁력 제고 방안 국제세미나, 2007.9.7.
Barnes, Louis B. and Simon A. Hershon. 1976. *Transferring Power in the Family Business*. Harvard Business Review, July/August.
Bellet, W., Barbara Sunn, K. Z. Ramona, Heck, Parady, Peter John Powell, and Nancy Bowman Upton. 1998. *Family Business as a Field of Study: Task Force of International Family Business Program Association*. The Cornell University Family Research Institute-Bronfenbrenner Life.
Family Enterprise Center. 1998. *Family Business Academy Course Materials, Unpublished,*

*Family Enterprise Center of Coles College of Business*. Kennesaw State University, Kennesaw, Georgia.

*Financial Times*. 2010.8.4. "Family Still Has Role To Play."

Fletcher, Denise E. 2002. *Understanding the Small Family Business*. Routledge Studies in Small Business.

Greiner, L. E. and R. O. Metzger. 1983. *Consulting to management*. Englewood Cliffs, New Jersey, Prentice-Hall, p.7.

Hilburt-Davis, J. and W. G. Jr. Dyer. 2003. *Consulting to family businesses: A practical guide to contracting, assessment and implementation*. San Francisco, CA : Jossey-Bass/Pfeiffer.

Ibrahim, A. B. and W. H. Ellis. 1994. *Family Business Management: Concept and Practice*. Kendal/Hunt Publishing Company.

Jaffe, D. T. 1991. *Working With the Ones You Love: Strategies for a Successful Family Business*. Berkeley, CA: Conari Press.

Kets de Vries, Manfred F. R. 1993. "The Dynamics of Family-Controlled Firms: The good and The Bad News." Organizational Dynamics. winter. In Aronoff Craig E., Joseph H. Astrachan and John L. Ward, eds. *Family Business Handbook II*. Marietta, GA, Business Owner Resources.

Lank, A., R. Owner, J. L. Martinez and H. Riedel. 1994. "The state of family businesses in various countries around the world." *the family business Network Newsletter* 9.

Novak, M. 1983. "Business, Faith, and the Family." *Loyola Business Forum*, 4(1).

Shanker, M. C. and J. H. Astrachan. 1996. "Myths and Realities: Family business contribution to the US economy-A Framework for assessing family business statistics." *Family Business Review*, 9(2).

Steele, F. 1975. *Consulting for organizational change*. Amherst, Massachusetts, University of Massachusetts Press, p.3.

Westhead, Paul and Marc Cowling. 1998. "Family Firm Research: The Need for a Methodological Rethink." *Entrepreneurship Theory and Practice*. Fall.

## 에필로그

 지금까지 살펴본 이 책의 다섯 주인공들이 풀어낸 이야기의 중심에는 늘 사람이 있었다. 먼저 1장의 주인공인 방송사 PD 출신의 카페 사장 진석의 주변에는 고뇌하는 젊은이 은수가 있었고, 2장의 주인공인 중소기업의 중견간부로 살아가는 종찬의 주변에는 그에게 힘이 되어주는 아내와, 그의 앞길에 장애와 갈등요소가 되는 사장의 처남이 등장했다. 3장에서는 기업 컨설턴트 창수와 그의 동료들, 그리고 그들이 만나는 클라이언트들이 나온다. 4장에서는 종합자산관리사로 살고 있는 태영과 그의 아들, 그리고 직장상사에게 소개받은 김 사장을 비롯해 대학 강의에서 만나는 학생들까지 다양한 인물들이 나온다. 마지막 5장에서는 드라마 작가를 꿈꾸는 은혜와 사촌언니, 출판사 사장, 그리고 인터뷰를 위해 만난 송 사장까지 참으로 다양한 인물을 만난다.

이처럼 이 책의 등장인물에 대해 다시 한 번 언급한 이유는 사람 관계의 중요성, 대화와 소통의 중요성에 대해 말하고 싶어서이다. 흔히, 인연이라는 말은 시작할 때 쓰는 게 아니라 끝났을 때 쓰는 말이라고 한다. 그만큼 누군가를 만나게 되고, 알게 된다는 그 사실보다는 그 알게 된 만남을 소중한 관계로 발전시켜 나가는 것, 오래오래 서로에게 필요한 관계가 되도록 노력해 나가는 게 중요하다는 얘기일 것이다.

부록에서 가족기업의 본질, 국내외 현황, 컨설팅 및 교육 현황을 소개했는데 수성을 위해 고민하는 많은 기업이 있고, 특히 우리나라의 경우 그중에 가족기업이 많은 부분을 차지하고 있기 때문이다. 한때는 창업이 붐이었고, 지금 이 순간도 곳곳에서는 창업이 이루어지고 있을 것이다. 하지만 이제 중요한 것은 단순히 창업을 넘어서 '수성'에 이르는 길까지 고려하고 실천에 옮길 때라고 생각한다. 지속적으로 가치 있는 것을 행하고 성장과 발전을 보이는 것, 그것이 바로 가족기업 본연의 모습이 아닐까 싶다.

다시 한 번 강조해본다.

'새로운 것을 만드는 것도 중요하지만, 있는 것을 발전시키는 것도 중요하다'고. 즉, 창업된 회사를 튼튼한 기업, 건강한 기업으로 만들어 오래오래 장수하는 기업으로 만드는 것! 바로 그 '수성정신'이 무엇보다 필요하고, 중요한 일임을 다시 한 번 자각했으면 한다. 그러한 깨달음에 이 책이 일조하기를 바란다.

끝으로, 이 책에서는 일련의 가족기업에서 일어나는 다양한 내용을 스토리텔링이라는 형식을 통해 가족기업을 경영하는 사람, 그 이해관계자(정부, 금융·증권시장, 기타가족, 종업원, 학생 등)에게 가족기업의 장점은 발전, 계승시키고 단점은 반면교사로 삼아 부정적인 시선을 전환하고자 했는데, 아무쪼록 장수 DNA를 통해 우리나라에서도 세기를 뛰어넘는 장수기업이 많이 탄생하기를 기대해본다.

# 지은이

### 조창배 (chang@grepartners.co.kr)

「가족기업의 컨설팅 모형 설계 및 그 유용성에 관한 연구」로 건국대학교 대학원 벤처전문기술학과에서 박사학위를 취득했다. M&A, 구조조정, 벤처캐피탈에서의 투자업무 경험을 바탕으로 CEO를 가장 잘 돕는 일을 고민하면서 많은 가족기업을 만났고 이를 토대로 가족기업경영모델(Dr. Cho's FB Model)을 개발했다. 현재 그레파트너스(주) 대표이사로 가족기업 컨설팅 모델을 활용한 가족기업 컨설팅과 가족, 전문경영인, 제3자 관점에서의 지배구조 조정에 대한 투자업무를 활발히 진행하고 있다. 또한 가족기업경영연구원을 통해 가족기업에 대한 지속적인 연구와 전문가과정, 아카데미 과정의 강의 프로그램을 설계하여 운영 중이다.
저서로는 『뻔뻔으로 혁신한다』(2006, 공저)가 있다.

### 문혜영 (snazzy1@hanmail.net)

서울예술대학에서 문예창작학을 전공했고 KBS, SBS, TBS 등에서 16년째 라디오 방송작가로 활동 중이다. 평소 가족기업과 관련된 전문가들과 만날 기회가 많아 가족기업에서 벌어지는 여러 가지 에피소드들을 생동감 있게 전하고 싶었다. 수성의 방법, 가족기업을 전문가뿐만 아니라 일반인들에게 친숙하게 알리기 위해 스토리텔링 기법으로 이 책을 엮었다. 현재 CBS 라디오 손숙·한대수의 <행복의 나라로>의 작가로 활동 중이며 다수의 음악프로그램 구성, 그 외 공개방송과 콘서트 및 영화계 프로젝트 행사 구성에 참여했다.
저서로는 감성 치유에세이 『내일은 괜찮아질 거야』(2011)가 있다.

# 수성 守成

아버지가 심은 푸른 올리브 나무를 키워가는 가족기업 이야기

ⓒ 조창배·문혜영, 2012

지은이 | 조창배·문혜영
펴낸이 | 김종수
펴낸곳 | 서울엠
편집책임 | 김현대

초판 1쇄 인쇄 | 2012년 1월 30일
초판 1쇄 발행 | 2012년 2월 15일

주소 | 413-756 파주시 문발동 535-7 302(본사)
       121-801 서울시 마포구 공덕동 105-90 서울빌딩 1층(서울 사무소)
전화 | 영업 02-326-0095, 편집 031-955-0606, 02-336-6183
팩스 | 02-333-7543
홈페이지 | www.hanulbooks.co.kr
등록 | 제406-2003-000053호

Printed in korea
ISBN 978-89-7308-157-8  03320(양장)
ISBN 978-89-7308-158-5  03320(반양장)

* 책값은 겉표지에 표시되어 있습니다.